깨달음으로 읽는

반야
심경

깨달음으로 읽는

반야심경

장길섭 지음

나마스테

"모름을 고백할 때 큰 지혜를 얻습니다"
— 반야심경의 향연에 초대받은 이들에게

사람만 자기 고백을 합니다. 그래요. 오직 사람만이 자기 마음속에 감춰둔 생각과 속 깊은 이야기들을 털어놓을 수 있지요. 사람만 고백을 한다는 건 유일하게 사람만이 자기를 알고 싶어 한다는 걸 의미합니다. 내가 누구지? 어디서 왔고 어디로 가지? 내가 하고 싶은 게 뭐지? 이런 질문을 하는 건 사람밖에 없다는 겁니다.

거울이 발명된 것도 자기를 보고자 하는 사람의 욕망이 있었기에 가능하지 않았나 싶습니다. 거울이 없던 시절에는 물에 비춰 봤지요. 그러다 청동기 시대에 와서 동경銅鏡이라는, 구리로 만든 거울을 썼고요. 지금은 어떤가요? 너무 작아서, 혹은 너무 멀리 있어 볼 수 없는 것들까지도 생생하게 비춰주는 현미경과 망원경이 있습니다. 심지어는 내시경이라고, 장기 속을 꿰뚫어보는 거울까지 생긴 지 오래고요.

반야심경, 만물의 실상을 비추는 거울

그리고 여기, 또 하나의 거울이 있습니다. 마음을 볼 수 있는 거울, 바로 심경心鏡입니다. 이건 순전히 제 해석이에요. 반야심경般若心鏡에서 경은 원래 경전 경經이지만, 저는 거울 경鏡으로 봐요. 거울도 보통 거울이 아닙니다. 때론 망원경도 되고 현미경도 돼요. 또 내시경 역할도 합니다. 그래서 내 지식과 생각, 감정으로는 도달할 수 없는 높고 멀고 깊은 세계를 볼 수 있게 해줍니다. 다시 말해서 반야심경은 나를 포함한 만물의 실상을 거울처럼 비추어 꿰뚫어보는 반야, 즉 큰 지혜를 설파하는 경전이라는 얘기지요. 그러면 그 크고 심오한 지혜에 우리는 어떤 태도로 접근해야 할까요?

초등학교 때 일입니다. 2학년쯤 되었을 거예요. 어느 날 외갓집에 놀러갔다가 그 동네 어귀에 있는 둥구나무가 우리 동네 것보다 더 크다는 걸 알았지요. 그 전에도 숱하게 그 나무 앞을 지나다녔지만 그때는 미처 몰랐던 사실을 비로소 발견한 겁니다. 이와 비슷한 예가 수두룩해요. 3학년 때 처음으로 친구가 사는 동네에 갔다가 그곳에 흐르는 냇물이 우리 동네 냇물보다 몇 배는 더 넓고 크다는 걸 알았어요. 또 중학교 때 소풍 가서 본 뜰이 그 전에 보아온 어느 뜰보다도 훨씬 큰 걸 보고 놀라기도 했고요.

이게 무슨 말인지 이해하겠습니까? 늘 보던 것만 보는 한은 내가 보는 게 큰지 작은지, 넓은지 좁은지 알 수가 없다는 겁니다. 그러니 뭘 해야겠어요? 그래요. 상대를 해봐야 합니다. 경험을 해봐야 한다고요. 우리가 사는 이곳은 상대계이기 때문에 상대를 하지 않는 한 내가 보고 듣고 경험한 것이 아름다운지 추한지, 옳은지 그른지, 큰지 작은지 알 길이 없어요. 그러니 기독교는 불교를, 불교는 기독교를 상대해야 합니다. 철학은 과학을, 과학은 예술을 상대해야 해요. 서로 배우고 커지고 통합되는 길은 그뿐입니다.

모름을 인정할 때 앎의 빛이 온다

그런데 사람들은 대부분 자기가 알고 있는 기존 지식에 갇혀 삽니다. 쉽게 말해 '우리 동네'로 한정돼 있는 거예요. 그 경계를 확장시켜야 내 지식의 한계를 알게 되는데 그걸 안 합니다. 그러니까 자기가 진정 뭘 알고 모르는지, 뭘 잘못 알고 있는지도 모르는 결과를 낳는 거지요.

신학대학 학생들 사이에서는 이런 말이 공공연하게 떠돕니다. 1학년은 목사, 2학년은 장로, 3학년은 집사로 있다가 4학년이 되면 평신도가 되어 졸업한다고요. 처음에 신학을 접하면 자기가 하나님을 가장 잘 아는 것 같지만 알면 알수록 모르는 게 많아진다는 것이죠. 그래요. 우리는 하나님을 잘 안다고, 심지어는 다 알고 있다고 확신하지만 그건 하나님을 알고 있다는 자기 생각에 대한 확신일 뿐입니다. 그러다 어느 순간 내가 하나님에 대해 아는 게 없구나, 내가 아는 건 부분

에 불과하구나, 그조차도 잘못된 생각일 수 있구나, 하는 깨
달음이 오지요.

　제가 잘 쓰는 비유 가운데 하나가 '모르는 이에게는 팔만
대장경도 빨래판이고 고려청자도 개밥그릇'이라는 겁니다.
뭘 모르는지도 모르는 단계에 있을 땐 보는 수준이 이렇게 돼
요. 그러다가 뭘 모르는지 비로소 알게 되는 단계에 이르러
야 최소한 뭐가 뭔지 구분할 수 있게 됩니다. 그다음이 조금
아는 단계인데, 이때 우리는 스스로 '내가 조금 아는 것 중 잘
못 알고 있는 게 있을지도 모른다'는 의문을 제기할 수 있습
니다. 그렇잖아요? 내가 아는 게 전부 옳다고 어떻게 확신할
수 있어요? 아니, 이 세상에 절대적으로 바른 지식이라는 게
있을까요? 우리가 현재 만나는 삶은 '지금 여기'인데, 그 지금
여기를 생각으로 다 알겠느냐고요.

생각으로는 알 수 없는 세계

생각으로는 지금 여기의 삶을 다 만날 수 없습니다. 다 알 수 없다는 겁니다. 자기 자신조차도 잘 모르거나, 혹은 잘못 알고 사는 사람이 정말 많잖아요? 참자아를 찾는 건 둘째 치고, 자기의 현실적인 욕망과 재능이 무엇인지를 모릅니다. 즉, 내가 나를 모르는 거예요. 그러면서 그냥 부모가 원하니까, 주변에서 좋다고 하니까 너도 나도 의과대학 가고 교사 되고 공무원시험 준비하는 겁니다.

숭산 스님이라고, 한국불교의 상징이자 거목인 분이 계시지요. 그분이 쓰신 책 제목이 《오직 모를 뿐》입니다. 나도 없고 부처도 없고 아무것도 없는 실상實相, 그걸 감히 어떻게 다 알 수 있느냐는 것이지요. 그러니 아는 건 오직 하나, 내가 모름을 안다는 것뿐이라는 겁니다.

내가 모름을 인정하는 것. 그래요, 우리가 확신할 수 있는 것은 어쩌면 이것이 전부인지도 모릅니다. 나 자신, 부모와 자식, 회사 동료, 친구, 사회, 우주, 진리, 하나님…… 이 모든 것에 대해 내가 아는 것은 아주 작은 일부분이며, 그조차도 현재는 올바른 것으로 보이나 언제든 오류가 될 수 있음을 인정해야 한다고요. 지식이란 오직 '그때'만 바른 지식이니까요.

그러니 순간마다 잘 듣고 잘 봐야 해요. 과거의 경험과 지식 빼고, 내가 안다는 생각과 확신을 빼고 봐야 참 지혜를, 삶을 환히 비추는 빛을 만나는 겁니다.

큰 지혜의 향연을 시작하며

이 책은 제가 깨달음에 대해 공부하는 어느 모임에서 8주간 〈삶의 향연〉이란 제목 아래 한 반야심경 강의를 다시 글로 정리한 것입니다. 국어사전에서 향연이라는 낱말을 찾아보니

'특별히 융성하게 손님을 대접함'이라고 되어 있더군요. 그러나 제가 준비한 이 향연에는 주인과 손님이 따로 없습니다. 진정 자기를 알고 싶어 하는 사람이라면 모두 주인으로 참여할 수 있지요. 또한 스스로 모름을 고백하고 질문할 수 있는 인간의 특권을 누리는 사람만이 반야라는 큰 지혜의 밥상을 받을 수 있을 것입니다.

자, 이처럼 아름답고 귀한 향연의 장에 오신 여러분 모두를 환영합니다. 함께할 수 있음이 얼마나 기쁜지요. 고맙고 또 고마운 마음 담아 축제의 문을 엽니다.

차례

摩訶般若波羅蜜多心經
마하반야바라밀다심경

觀自在菩薩 行深般若波羅蜜多時 照見五蘊皆空 度一切苦厄
관자재보살 행심반야바라밀다시 조견오온개공 도일체고액

舍利子 色不異空 空不異色 色卽是空 空卽是色
受想行識 亦復如是
사리자 색불이공 공불이색 색즉시공 공즉시색
수상행식 역부여시

舍利子 是諸法空相 不生不滅 不垢不淨 不增不減
사리자 시제법공상 불생불멸 불구부정 부증불감

是故空中無色 無受想行識 無眼耳鼻舌身意 無色聲香味觸法
시고공중무색 무수상행식 무안이비설신의 무색성향미촉법

無眼界 乃至無意識界 無無明 亦無無明盡 乃至無老死
亦無老死盡 無苦集滅道 無智亦無得
무안계 내지무의식계 무무명 역무무명진 내지무노사
역무노사진 무고집멸도 무지역무득

以無所得故 菩提薩埵 依般若波羅蜜多故 心無罣礙 無罣礙故
無有恐怖 遠離顚倒夢想 究竟涅槃

이무소득고 보리살타 의반야바라밀다고 심무가애 무가애고
무유공포 원리전도몽상 구경열반

三世諸佛 依般若波羅蜜多故 得阿耨多羅三藐三菩提

삼세제불 의반야바라밀다고 득아뇩다라삼먁삼보리

故知般若波羅蜜多 是大神呪 是大明呪 是無上呪 是無等等呪
能除一切苦 眞實不虛

고지반야바라밀다 시대신주 시대명주 시무상주 시무등등주
능제일체고 진실불허

故說般若波羅蜜多呪 卽說呪曰

고설반야바라밀다주 즉설주왈

揭帝揭帝 般羅揭帝 般羅僧揭帝 菩提僧莎訶

아제아제 바라아제 바라승아제 모지사바하

마하반야
바라밀다는
아리랑이다

아리랑我理朗 고개를 넘어간다

넘고 넘고 또 넘어 완전히 넘어간다

오, 위대한 지혜 마하반야여

그에 이르지 못하면 발병이 날지니

멈추지 말고 넘어가리라

아주 오래전 어느 날, 문득 이런 의문이 들었습니다. 내가 이 세상에 예수를 추종하러 온 건가? 예수가 기독교 교주인가? 그럼 붓다는 불교의 교주인가? 그런데 생각해보니 예수와 붓다는 당신들이 무슨 종교의 교주라고 한 적이 없는 거예요. 성경에서 예수는 이렇게 말합니다. 나는 길이요, 진리요, 생명이니. 그때 깨달음이 찾아왔지요. 그래, 내가 길이지. 내가 생명이고 진리지. 그러니 나를 찾아야 해.

그때부터 나를 만나는 여행을 시작합니다. 예수가 만난 그 신神, 부처님이 찾은 그 진리를 내 것으로 하기 위해서 말입니다. 그래요. 그분들은 나에게로 가는 길을 먼저 가본 사람입니다. 또한 그 뒤를 따라 간 이들이 수도 없이 많지요. 위대한 경전은 바로 그렇게 앞서 간 선각자들이 인정한 일종의 유산입니다. 이대로 가보니 되더라, 정말 깨달음에 이르더라고 후세에게 일러주기 위해 남긴 선물이라고요.

오늘부터 8회에 걸쳐 만나게 될 반야심경도 그중 하나입니다. 원래는 반야경이 약 600여 권 있었다고 해요. 그것을 함축하고 함축해서 270자로 정리한 게 반야심경이에요. 그러면 본격적인 강의에 앞서 붓다에 대해 몇 가지 언급하고자 합니다.

각성된 의식으로 세상에 온 싯다르타

고타마 싯다르타는 기원전 5, 6세기경에 지금의 네팔 룸비니 지역에서 태어난 것으로 추정됩니다. 어머니 마야의 몸을 빌렸다고 되어 있는데, 재미있는 건 옆구리에서 태어났다는 거예요. 예수도 동정녀 마리아에게서 태어났다고 되어 있잖아요? 그러니까 뭐예요? 두 분 다 성관계를 거치지 않고 태어났다는 겁니다.

이걸 놓고 맞다, 아니다 싸우는 사람들이 있는데 그건 상징이 뭔지, 신화가 뭔지 모르면서 성경을 글자 그대로 받아들이는 이들의 무지한 다툼일 뿐입니다. 이스라엘인들이 흔히 성경을 들이대면서 이 땅은 우리 땅이라고 우기는데, 성경이 무슨 땅문서입니까? 어떤 이는 또 우리나라에 기독교가 들어올 때 하나님도 같이 들어왔대요. 그래서 제가 그랬어요. 대한민국 하나님은 아펜젤러 어깨 타고 들어왔다고. 아펜젤러가 등짐에 성경 싸갖고 왔으니까 내 말이 맞잖아요? 그 사람들 논리대로 하면 그렇다는 거지요. 아펜젤러가 대한민국 땅 안 밟았다면 하나님은 여태 이곳에 못 오셨을 거라는 얘긴데, 이거 정말 웃기는 논리 아닙니까?

이와 관련해 인디언들이 자기네 땅을 점령한 백인 선교사들에게 했다는 말은 귀담아들을 만합니다. 선교사들이 한 손으론 무력을 휘두르고 다른 한 손으로 성경을 내밀자 인디언들이 그랬대요. "우리에겐 셀 수 없이 많은 신들이 있는데 당신들은 무슨 신을 또 전한단 말이오?" 그래요. 어떠어떠한 신이라는 개념을 갖고 들어오니까 이런 웃지 못 할 일들이 생기는 겁니다. 신에 관한 수많은 개념이 과연 사실인지 거짓인지, 어쩌면 나의 생각일 뿐인 건 아닌지 점검도 안 하고 붙잡고 있으니까 성경을 문자 그대로 읽고 하나님을 고정된 개념과 관념에 가두게 되는 거라고요.

여러분, 성경과 불경 같은 경전은 인류 전체의 문화유산이에요. 온갖 신화와 지식, 지혜의 축적으로 탄생한 보고寶庫라고요. 그러니까 예수와 붓다의 탄생 또한 그런 맥락에서 이해해야 한다는 겁니다.

자, 그럼 성관계를 통하지 않고 세상에 왔다는 게 뭘 의미할까요? 그건 우리가 오직 순수의식, 처녀성, 옆구리의식을 가질 때 참사람으로 깨어날 수 있음을 가르쳐주지요. 인간의 의식 가운데 가장 낮은 차원을 생식기의식이라 합니다. 배꼽 아래에 의식이 있어요. 그래서 먹고 자고 섹스하고, 이런 본능적인 욕구가 의식을 지배해요. 의식이 그 차원에 머물러 있는 사람은 뭘 먹을까, 뭘 입을까, 그런 것만 생각합니다. 다른 사람 만나도 화제가 맨 그거예요. 그런데 우리, 그렇게만 살다 가면 억울하잖아요? 적어도 가슴의식 정도는 돼야, 다시 말해 고대 불교경전에서 말하는 일곱 가지 사원 가운데 심리영적psycho-spiritual 사원 정도는 돼야 사람으로 살다 간다고 할 수 있지 않겠느냐고요.

싯다르타가 옆구리에서 태어났다고 하는 건 태어날 때부터 육체를 넘어선 의식, 각성된 의식을 갖고 이 세상에 왔다는 걸 의미합니다. 싯다르타라는 이름 자체가 '뜻을 다 성취함'이에요. 과연 그분은 자신의 뜻을 성취해 붓다, 즉 깨달은 사람이 되어 인간이 왜 고통을 받는가, 거기서 벗어나는 길은 무엇인가를 발견했어요.

제 생각엔 붓다 전에도 그이만큼 깨달은 사람은 있었을 것 같아요. 하지만 붓다는 무엇보다도 방법을 알고 있었죠. 인간의 신성, 즉 불교식으로 말하면 불성을 계발하는 방법, 인간의 엄청난 잠재력을 끌어내는 방법을 알고 있던 겁니다. 그래서 그분을 만나면 사람들이 죄의식과 수치심에서 풀려나고 자발성을 꽃피우기 시작합니다. 가치 있는 삶, 의미 있는 삶을 살고자 하는 의지가 솟지요. 얼굴이 밝아지고 걸음이 가벼워집니다. 이거, 굉장히 중요한 겁니다. 아무리 훌륭한 스승을 만났다 한들 실제 내 생활에 변화가 생기지 않으면 그건 도道가 아니에요. 도란 실제적인 변화입니다. 운명이 바뀌는 거라고요. "타고날 때부터 운명이 결정됩니까?" 하고 누가 묻자, 붓다가 그랬어요. 누구든지 깨달으면 붓다가 된다고요.

아무리 훌륭한 스승을 만났다 한들

실제 내 생활에 변화가 생기지 않으면

그건 도道가 아니에요. 도란 실제적인 변화입니다.

운명이 바뀌는 거라고요.

"타고날 때부터 운명이 결정됩니까?" 하고

누가 묻자, 붓다가 그랬어요.

누구든지 깨달으면 붓다가 된다고요.

깨달음은 누구에게나 평등하다

누구든 깨달을 수 있다는 붓다의 선언은 당시 사회에서는 상당히 혁명적인 것이었어요. 지금도 인도엔 카스트 제도의 뿌리가 깊게 남아 있지요. 법적, 제도적으로는 사라졌다고 하지만 그들의 사고와 문화와 생활은 그에 지배당하고 있습니다. 흔히 브라만, 크샤트리아, 바이샤, 수드라, 그리고 달리트dalit라 불리는 불가촉천민untouchable으로 인간 유형을 분류하는 카스트 제도는, 역사적으로 그리스의 아리안족이 민족대이동 시기에 인도에 건너오면서 토착인종을 밀어내는 과정에서 생겼다고 해요. 침략자는 브라만과 크샤트리아가 되고 토착인종은 하층민이 되었다는 것이죠. 인도 여행 중에 보니까 달리트는 정말 사람 취급을 못 받습디다. 가축과 함께 지내요. 게다가 신분이 대물림되어 자식들도 그 불평등의 굴레에서 벗어날 수가 없지요. 그러니 붓다가 활동하던 시기엔 오죽했겠습니까? 그런 상황에서 누구나 깨달을 수 있다고 한 건, 정말이지 깨달은 사람이 아니고는 할 수 없는 말이 아닐까 싶어요.

자, 그러면 혁명적인 깨달음을 준 붓다의 핵심 경전, 반야심경을 한 구절씩 살펴볼까요?

마하반야바라밀다심경摩訶般若波羅蜜多心經

마하는 절대적으로 크다는 의미입니다. 그런데 여기서 마하는 작다의 상대적인 개념이 아니에요. 비교가 아닙니다. 절대성을 띤 언어죠. 그런 의미에서 마하가 하나님이고 신입니다. 불교에서는 이를 공空이라 하지요. 비어 있는 겁니다. 아니, 비어 있음으로 가득 찬 거지요. 무한입니다.

그 다음 반야는 산스크리트어로 프라즈나prajna입니다. 궁극적 지혜라는 뜻이에요. 가장 크고 본질적이며 초월적인, 그러니까 지혜 가운데 최고의 지혜라는 의미지요.

한때 폴 틸리히Paul Tillich라는 신학자를 좋아했는데 그는 하나님이라는 단어를 안 썼어요. 하나님이 하나님이란 단어와 개념에 갇힐 것을 우려한 거죠. 대신 '궁극적 관심'이라 호명했습니다. 그런 그가 어느 날 일본에 가서 반가사유상을 보고 이렇게 말합니다. "저 미소 속에 어떻게 하나님이 없다고 할 수 있느냐?" 또 우리나라 석굴암에 와서 참배하는 사람들을 보고는 "이곳에 와서 참배하는 것을 어떻게 우상 숭배라

할 수 있겠는가?"라고 했습니다.

저 또한 붓다와 불교에 매력을 느낀 가장 큰 이유 중 하나가 신에 관한 언급이 없다는 겁니다. 붓다는 오직 지혜에 관해서만 얘기해요. 불교신학이란 과목 있습니까? 불교신학교도 없어요. 반면 기독교는 조직신학이라 해서 신은 이렇다고 정해놓지요. 신론이 있고 인간론이 있습니다. 그런데 따지고 보면 이상하지 않습니까? 신은 이렇다고 확정지을 수 있는 사람이 누굽니까? 신론을 만들 수 있는 이가 누구냐고요. 정말 그게 가능하다면 그가 신보다 더 큰 존재여야 하는 거 아닙니까? 그 주인공이 바로 그 유명한 토마스 아퀴나스 Thomas Aquinas예요. 그런데 그 또한 나중에 후회를 합니다. 자기가 말한 게 전부 잘못됐다는 걸 시인한다고요. 하나님은 자기의 지식과 관념에 갇히는 분이 아니라는 걸, 자기가 아는 건 아주 작은 부분에 불과하다는 걸 비로소 안 것이죠.

큰 지혜는 '지금' 알아갈 뿐

많은 이들이 하나님은 모든 것을 알고 계신다고, 전지전능한 분이라고 하지요. 과거엔 이를 내세워 사람들에게 성경도 못 읽게 했습니다. 하나님이 다 알고 하시니 너희는 그저 가만히 예배나 드리면 된다고 가르친 것이죠. 그러다 루터Luther가 성경을 번역하면서 일대 혁명이 일어나자, 성경과 하나님을 독점해온 이들이 스스로를 정통이라 하면서 개신교를 프로테스탄트라고 몰아붙입니다. 이처럼 자신을 정통이라고 하는 순간, 부분적인 지식을 전체라고 착각하는 부분지식의 오류, 잘못과 지식을 무비판적으로 받아들이는 오류지식에 빠지게 될 수 있음을 우리는 알아야 합니다. 그러니 가톨릭이니 개신교니 하는 개념이 무너져야 한다고요. 즉, '오직 모를 뿐'입니다. 지금 알아갈 뿐이라는 거예요. 그러면 어때요? 지식 갖고 신념 갖고 논쟁할 필요가 없어요. 그냥 알아가면 그뿐인 겁니다.

한번은 목회자 영성 수련을 하다가 그랬어요. 사탄도 지옥도 없습니다. 그러자 누군가 성경을 가져와 들이밀어요. "여기 있는데요?" 그래서 "있는가 보네요." 했죠. 그가 그럼 "왜 없다고 했습니까?" 하고 묻기에 대답했지요. "내가 있다면 있고 없다면 없어집니까?"(웃음)

여러분, 이런 말을 못 알아듣는 사람이 너무 많습니다. 거꾸로 말하면 그들은 자기가 말하는 대로, 생각하는 대로, 믿는 대로 그게 사실인 줄 알아요. 그런데 생각해보세요. 어느 목사님이 사랑의 하나님이라고 하면 하나님이 사랑의 하나님이 됩니까? 또 다른 이가 사랑의 하나님이 아니라 정의와 심판의 하나님이라고 하면 그렇게 바뀝니까?

예를 들어 몇 백 명이 어느 비행기를 타고 창공을 날아가고 있다고 칩시다. 다들 조종사가 운전 잘하는 걸로 알고 있어요. 그런데 어디선가 이런 소리가 들립니다. "조종사가 없어졌대." 사람들이 수군거리겠죠. 몇 사람은 놀라서 심장마비로 숨이 넘어갈 겁니다. 그런데 또 다른 누군가가 그래요. "아니야, 조종사 있어."(웃음) 여러분, 웃기죠? 우리 사는 꼴이 이래요. 남이 뭐라 말하는 것에서, 책 몇 권에 쓰인 글자 속에서 하나님을 찾아요.

하지만 하나님은 철저하게 나의 하나님이어야 합니다. 자기가 찾아야 한다고요. 누구의 하나님도 안 됩니다. 내가 경험한 하나님이 아니면 아무 소용없습니다.

생각 밖에서 만나는 실상

제가 안내하는 수련과정 중에 '화가 날 일입니까?'라는 질문을 던질 때가 있어요. 이걸 '화물음'이라고 하는 데, 먼저 수련생에게 화가 나는 일을 하나 이야기하게 합니다. 어떤 사람에게는 부인이 아침밥을 잘 차려주지 않는 게 화날 일이고, 또 누구에게는 남편이 외도한 일이 화가 날 일이지요. 사람마다 '화가 날 일'은 다르기도 하고 많기도 하지요.

언젠가 신학대학교에서 석사까지 끝낸 사람이 제가 진행하는 수련에 왔어요. 공부를 많이 한 사람입니다. 말도 잘하고 글도 잘 써요. 그런데 그 사람이 이 '화물음'에 걸려, 자기 생각을 뛰어넘을 때 고생고생을 합니다. 자, 그 사람에게 화가 날 일을 하나 꺼내어놓고 시작합니다. 물음이 다음과 같이 진행되었지요.

화가 날 일이라고 어디에 돼 있습니까?
— 내 생각 속에요.
그러면 그동안 어디에서 산 것입니까?
— 생각 속에서 산 것입니다.

그럼 하나님도 지금껏 생각 속에 계셨던 거네요?

— 아니요, 마음에 계셨습니다.

마음속에 있다고 어디 되어 있습니까?

— 그렇게 믿습니다.

그 믿음은 어디에서 나온 것입니까?

— 그것도 생각이네요.

이제 하나님이 어디에 계신지 보이십니까?

— 내 생각이요.

그러면 내 생각이 큽니까, 하나님이 큽니까?

바로 이 질문에서 그 사람이 깨져요. 내 생각 속의 하나님을 믿는 한 하나님이 더 클 수가 없으니까요. 그이는 지금껏 하나님이 더 크다고 믿으며 살았죠. 그러나 실상은 내 생각 속에 하나님을 가두었던 겁니다. 그래요. 내가 믿는 하나님을 하나님이라고 여긴 것에 불과합니다.

하나님을 하나님이라고 하는 한, 그와 같은 기존의 생각과 관념과 신념에 사로잡혀 있는 한 진정한 그분은 만날 수 없어요. 다시 말하면 사실을 사실 그대로 봐야 한다는 것이죠.

이걸 실상반야實相般若라 합니다. 그럼 실상이라는 게 무엇일까요? 한번 생각해보지요. 느티나무를 느티나무라고 부르면 그 느티나무의 실상이 드러날까요? 가방을 가방이라고 부르면, 그 가방의 실상이 드러날까요? 이름일 뿐이지요. 우리가 느티나무, 가방이라고 부르는 그것은, 느티나무나 가방이라 불리는 그것입니다. 그것일 뿐이라고요. 그러면 슬픔은? 슬픔이라 이름 붙인 그것이지요. 기쁨도 기쁨이라 이름 붙인 그것입니다. 그러니 이름 바꿀 수 있습니까? 바꿀 수 있지요. 그렇게 운명을 바꾸어나가는 겁니다.

또 하나 중요한 건 글과 말만 갖고는 실상반야로 나아갈 수가 없다는 것이죠. 그래서 장치, 다른 말로 방편이 필요해요. 실상반야로 나아가는 장치가 되는 것, 그게 방편반야方便般若입니다. 그런데 많은 사람들이 이 방편반야에 걸려 넘어집니다. 부처님이 강을 건너면 배를 버리고 가라고 말씀하신 것 기억하실 거예요. 그런데 꼭 어떤 사람은 강을 건너서도 배를 버리지 못하고 메고 가려고 하지요. 또 어떤 사람은 배가 작네, 크네, 위험하네 하면서 정작 강을 건너지도 못하지요. 그런 사람은 사실 뭘 해도 걸립니다. 왜 그런 줄 아세요? 일단 해봐야 아는데, 걸음을 떼고 가야 더 큰 걸 볼 수 있는데 그걸 안 하기 때문입니다.

먼저 행하고 나서 보는 것, 이를 컴 앤 씨come and see라 하지요. 그런데 사람들은 씨 앤 컴을 외쳐요. 보여주면 가겠다는 겁니다. 하지만 이건 장사꾼 논리죠. 진리의 길에서는 통하지 않습니다. 와서 보는 사람만, 직접 경험해보는 사람만 갖가지 장치들을 통해 경계를 넘어갈 수 있다고요. 그래서 수련인 겁니다. 내가 그동안 경험해보지 않은 장치와 방편을 넘고 넘어 실상반야로 나아가는 것, 그에 다다르는 것이 수련의 목적이라는 거죠. 그런데 해보기도 전에 방편에 걸리면 죽었다 깨어나도 실상반야의 세계로 들어가지 못해요. 들어갈 수가 없는 겁니다.

방편반야를 통해 실상반야로

자, 그럼 다시 정리해볼까요? 마하반야는 궁극적인 지혜, 지혜 가운데 가장 큰 지혜라 했어요. 그에 이르려면 사실을 사실대로 보는 실상반야의 세계를 알아야 하지요. 이는 생각을 넘어서는 겁니다. 곧 생각을 생각하고 사랑을 사랑하는 게 마하반야예요. 그런데 이를 위해서는 뭐가 필요하다고요? 방편반야, 즉 마하반야로 이끄는 장치와 방편이 있어야 합니다. 이는 바라밀다라는 말에서 더욱 분명하게 드러나요. 바라는 저 언덕이라는 뜻이지요. 밀다는 건너가다, 넘어서다는 뜻이고요. 그러니까 뭐예요? 저 언덕을 넘어서게 한다는 거죠. 여기서 언덕 너머란 불교로 말하면 정토와 극락이고, 기독교식으로 하면 천국입니다. 다시 말해 마하반야바라밀다심경이란 반야심경이 마하반야에 이르게 하는 방편반야로서 우리를 궁극적인 초월의 경지로 안내한다는 것이죠.

이 세상의 모든 스승은 바라밀다와 관련한 일을 합니다. 더 많은 이들이 저 언덕을 넘을 수 있게 도와주는 거지요. 기독교에서 말하는 출애굽이 바로 이, 언덕을 넘는 거예요. 애굽을 나와야 한다는 겁니다. 그래야 옛사람이 죽고 새사람이 된다는 거예요. 불교는 또 어때요? 출가를 합니다. 미움과 시기, 탐욕과 어리석음과 분노라는 옛집에서 나오는 겁니다. 그게 정토에 이르는 첫걸음이에요. 그런데 수련을 안내하면서 보니까 여자들은 그나마 결혼을 통해 출가하면 사람이 돼요. 반면 남자는 가출도 잘 안 합디다.(웃음) 어머니 치마폭에 싸여 여간해서는 집에서 나오질 않는다고요. 건너가질 못하는 거예요.

건너간 사람은 일상이 바뀐다

수련을 통해 넘어감을 경험한 사람은 일상이 바뀝니다. 읽는 책이 바뀌고 만나는 사람이 바뀌어요. 일어나는 시간, 관심 사, 말하는 어투가 바뀐다고요. 왜 그래요? 지나왔기 때문에 그래요. 일단 건너왔기 때문에 다시 돌아가게 되지 않는 겁니 다. 그런데 수련을 하면서도 완전히 건너가지 못하고 왔다 갔 다 하는 사람이 있어요. 그런 사람의 눈빛은 공허합니다. 텅 텅 비어 있다고요. 결국 중간에 수렁에 빠져 혼란스러워하다 가 예전으로 돌아가는 일이 다반사이지요. 그 결과 또 넘어지 고 상처 입고 현실을 부정하고 바깥의 조건에 휘둘립니다.

법정 스님의 수필집을 보면 출가한 지 얼마 안 돼 집을 그리워하는 대목이 있어요. 그 당시 스님이 집 근처까지 가 요. 하지만 내가 어떻게 출가를 했는데 여기서 무너진단 말인 가, 하며 마음을 다잡고 돌아오지요. 여러분, 건너가는 데는 이런 대오각성과 결단이 필요합니다. 하다못해 담배 하나 끊 는 데도 웬만한 결심과 행동 없이는 안 되잖아요. 과거의 상 처, 죄의식, 수치심, 분노에 걸려 거기에 매여 있지 말고 제발 좀 건너가라고요. 나에게는 나 되는 데 합당한 일만 일어났음

과거의 상처, 죄의식, 수치심, 분노에 걸려
거기에 매여 있지 말고 제발 좀 건너가라고요.
나에게는 나 되는 데 합당한 일만 일어났음을
받아들이고 앞으로 나아가라는 겁니다.

을 받아들이고 앞으로 나아가라는 겁니다. 그래야 생식기의
식에서 가슴의식으로, 육체 의식에서 초월 의식으로, 생리적
욕구에서 자아실현의 욕구로 넘어갈 수 있지 않겠어요? 어
떻게 넘어가느냐고요? 내가 육체다, 하면 육체의식으로 사는
겁니다. 반면 나는 초월이다, 하면 초월의식으로 사는 거예
요. 그러니 의식을 점평해서 '바라밀다'하라고요.

아리랑 부르며 마하반야로 넘어가는 길

자, 마하반야바라밀다심경을 한마디로 정리하면 나를 아는
거라 하겠습니다. 내가 누군지, 참나를 아는 게 최고의 지혜
리고요. 그런데 이 참나는 생각과 느낌, 감정, 나아가 사실까
지 넘어서야 알 수 있습니다. 그리고 그걸 알면 즐기게 돼요.
저는 이를 아리랑이라 표현하고 싶어요. 아리랑我理朗, 즉 참
나를 추구하고 진리를 알며 그것을 즐기는 것입니다. 기독교
식으로 풀면 나를 알고 하나님을 아는 것이에요.
　　우리 아리랑 한번 불러 볼까요?

아리랑 아리랑 아라리요 아리랑 고개를 넘어간다

그래요. 계속 넘어가야 해요. 그 고개를 넘어가지 못하고 보통은 어느 한 지점에서 머물러 있기가 쉽지요. 그런데 스승을 만나면 스승이 방편이 되어 나를 넘겨줍니다. 자기 탐구를 계속 할 수 있게 힘을 주고 방법을 알려주는 거예요.

나를 버리고 가시면 십 리도 못 가서 발병 난다

맞습니다. 참나를 버리고 가면 십 리, 즉 완성에 이르지 못하고 병이 나요. 이때는 살아도 산 것이 아닙니다. 죽은 목숨일 뿐이에요. 그러니 참나를 알기 위해, 자아 완성을 향해 계속 나아가야 합니다. 중간에 발병이 나면 기뻐하세요. 그건 내가 아직 완성에 오지 못했음을, 그럼에도 게을러지고 있음을 알려주는 신호 같은 거니까요. 그러니 벌떡 일어나 다시 길을 가야 합니다. 즐겁게 아리랑 부르면서요. 반야심경과 우리 민족의 아리랑. 이렇게 만나니 정말 멋지지 않습니까?

앞으로 모두 열심히 반야심경 읊고 아리랑을 불러보세요. 머리로 이해한 것을 가슴 안에서 숙성시켜 통합시키라고요. 안 된다고 하지 마십시오. 예수와 붓다는 사람이면 누구나 가능하다고 하셨어요. 우리 모두 붓다가 되고 예수가 될 수 있다고 하셨다고요. 죄인이라서, 과부고 고아고 가난해서 안 되는 게 아니라고 말입니다. 우리보다 앞선 누군가 그 길을 갔다면 우리도 갈 수 있는 겁니다. 그렇게 스스로를 존중하면서 참나를 알아가는 일을 즐기십시오. 제가 만든 신조어 중에 '아재신'이라고 있어요. 지구는 '아'름답고 삶은 '재'미있고 나는 '신'난다! 이것이 바로 아리랑이자 마하반야바라밀다의 정신입니다.

오늘은 여기까지 하겠습니다.

공 안에서
모든 것은
하나

깨달은 자의 눈으로 보니

물질과

그것을 받아들이는 감각과

그로부터 떠오르는 형상과

그와 연관해 지어지는 행함과

그 모든 것에 대한 인식이 공空하더라

일체가 비어 있음으로 연결된 세계

하나님이 보시니 참 좋았더라

자다가 막 깰 때, 그러니까 '잠'과 '깨어남'의 사이가 있지요. 거기엔 생각이 일어나기 전의 느낌이 있습니다. 그런데 그걸 알아차리기가 쉽지 않아요. 아주 잘 훈련된 사람만이 그걸 느끼고 그에 머무를 수 있습니다. 대부분은 그 느낌을 무심히 흘려버리고 과거에 입력된 정보대로 움직이죠. 회사에 늦을까 바빠 일어나 부랴부랴 밥 먹고 세수하고 출근합니다. 늘 움직이던 습관 그대로 따라가는 거예요. 어디 출근길만 그런가요? 회사에 가서도, 집안일을 할 때도, 누구를 만나 이야기를 할 때도 마찬가지입니다. 기존에 축적된 지식과 정보, 입력된 생각으로 일을 하고 사람을 만납니다. 세상은 이걸 효율적으로 잘하는 사람에게 '유능하다' '능력 있다'라는 찬사를 보냅니다만, 과연 그럴까요?

감각을 열어 지금과 관계하라

여러분, 생각은 100퍼센트 과거에 속해 있어요. 그러니 생각에 의해 말하고 움직인다는 건 과거를 산다는 것입니다. 현재를 살지 못한다는 말이에요. 그런데 삶이란 관계고, 관계는 늘 현재형입니다. 결국 생각대로 산다는 건 지금 이 순간과 관계하지 못하는 것이므로 단적으로 말하면 죽음과 다를 바 없다고 하겠습니다. 살긴 살되 엄청나게 중요한 핵심을 놓치고 있다는 거죠.

생각을 따르는 사람은 나를 생각과 동일시합니다. 생각이 곧 내가 되는 거예요. 다시 말해 더 이상 나는 없는 겁니다. 그런 이들이 흔히 지식 습득에 열중하지요. 이론을 정리하고 설을 내세우고 논리를 따집니다. 자기 느낌을 알고 표현하는 데 서툴 뿐 아니라 남이 무엇을 어떻게 느끼는지에 대해서도 둔해요. 현대인의 대부분이 이 동네에서 살아가죠. 바로 아이큐의 동네입니다.

그런데 사람에겐 생각만 있는 게 아니에요. 느낌의 영역도 있지요. 살아가면서 쉽지만 잘 못하는 게 현재 느낌 알아차리기예요. 저는 이걸 '시방느낌'이라고도 말하는 데, 뭐 거창한 게 아녜요. 한 예를 들면, 매일 먹는 밥상에 놓인 먹을거리들의 소리, 냄새, 색깔, 맛, 그것들의 어울림을 알아차리는 거예요. 내가 무얼 먹고 있는지, 어떤 느낌인지, 이걸 알아차리는 거예요. 알아차려야 생각이고 뭐고 있겠지요. 그런데 이런 것을 알아차리라고 할까요? 다 이유가 있어요. 생각에 끌려가지 말고, 무의식적으로 과거의 패턴에 이끌리지 말고 잘 느껴보라는 겁니다. 이 느낌이 바로 감각이에요.

그런데 대부분 감각을 닫고 살지요. 무감각해요. 이런 사람은 지금 이 순간의 느낌, 즉 시방느낌을 모른 채 생각대로만 살기 때문에 더더욱 이념과 교리와 설에 집착합니다. 그걸 위해서는 목숨도 바칠 각오가 되어 있어요. 정작 본인이 지금 슬픈지, 화가 나는지, 가슴이 아픈지조차 못 느끼면서 말이에요.

이렇게 생각에 이미 세뇌되어 있는 사람들, 무감각한 채 세뇌된 대로만 순응하며 사는 사람들을 어떻게 깨어나게 할까가 모든 스승의 고민입니다. 여러 가지 방법이 있겠지만 제가 택한 방법은 감성을 깨우는 거예요. 그래서 웃고 울고 화내고 춤추게 하는 겁니다. 교회에서, 절에서 춤 잘 안 추죠? 왜 안 해요? 변화하면 안 되니까, 순종을 원하니까 못 하게 하는 겁니다. 과거의 이념과 생각대로 사는 사람은 순종해요. 반면 시방느낌에 늘 깨어 있는 사람은 반역을 도모합니다. 그런 점에서 소크라테스와 예수와 붓다는 다 반역자였어요.

젊은 시절 한때 끊임없이 물은 적이 있습니다. 종교가 뭘까? 종교야말로 생의 마지막 가르침이 아닐까? 그렇다면 마지막 가르침, 최고의 가르침이란 뭘까? 그때 내린 결론이 종교란 반역이라는 거였어요. 좀 더 정확히 말하면 반역하지 않고는 종교의 세계로 나아갈 수 없다는 것이었죠. 기존의 내 생각, 지식, 삶의 태도에 반역하지 않는 한 현재를 살 수 없고, 그러면 지금 여기에 존재하는 나를 놓칠 수밖에 없으니까요. 다시 말해 우리가 종교에 귀의한다는 것은 예수를 믿고 붓다를 따른다는 게 아닙니다. 그들이 믿고 따른 그 무엇을 나의 두 발로 찾아가는 거죠. 그들이 만났다고 하는 신, 아니 신이라 이름 하는 '그것'을 내가 직접 만나는 겁니다.

과거에 종교라는 제도는 오히려 이걸 못하게 막았어요. 종교 지도자들은 대중이 입력된 교리대로 사는 것, 아무 의문

우리가 종교에 귀의한다는 것은
예수를 믿고 붓다를 따른다는 게 아닙니다.
그들이 믿고 따른 그 무엇을 나의 두 발로
찾아가는 거죠. 그들이 만났다고 하는 신,
아니 신이라 이름 하는 '그것'을
내가 직접 만나는 겁니다.

없이 생각과 이론에 의해 움직이는 것, 전통을 지키고 순종하는 것을 원했으니까요. 그런데 여러분, 이렇게 사는 한 나의 창조성이 꽃필 수가 없어요. 또한 창조성이 억눌리면 신성이 죽지요. 창조적 지성이란 게 뭡니까? 다름 아닌 신성이에요. 내가 신을 닮았다는 것은 내가 더 이상 피조물에 머물지 않고 창조자가 된다는 겁니다. 어떻게요? 생각과 느낌을 바꾸어 행동함으로써 변화하는 거지요. 그렇게 매 순간 자기를 새로이 창조하는 겁니다.

잘 듣기, 감성을 깨우는 첫걸음

이제부터라도 생각에 끌려가지 말고 감성을 깨우면서 아침을 맞이해보세요. 그게 세상에서 종노릇하지 않고 주인 되어 내 삶을 사는 첫걸음입니다.

그중 가장 좋은 방법은 '잘 듣는 것'입니다. 이제 막 잠에서 빠져나오는 자신의 숨소리, 창밖의 새소리, 누군가의 발자국 소리, 화장실 물 내리는 소리, 찻물 끓이는 소리 등에 먼저 귀를 기울여보라고요. 그런 다음 일어나면서 온몸의 세포를

동원해 하나씩 천천히 촉감을 느껴보는 겁니다. 내 손이 이불에 닿는 느낌, 침대에서 내려온 발이 방바닥에 닿는 느낌, 문고리를 감싸 쥐는 느낌……. 이때 입가 근육을 살짝 당겨 입꼬리가 올라가게 하면 더 좋겠죠? 입가에는 생각에 물들지 않은 영혼느낌과 연결된 최첨단의 신경회로가 자리 잡고 있답니다. 그래서 그 회로가 자극되는 순간 저절로 미소를 띠게되는 거예요. 그렇게 미소 지은 상태로 '고맙습니다' 하고 읊조릴 때 찾아오는 느낌을 또한 천천히 음미해봅니다.

잘 듣는다는 건 또한 순종한다는 의미이기도 하지요. 유대 전통에서 순종이라는 말이 많이 나오는데 그 뜻이 듣는다는 겁니다. 듣긴 듣되 내 생각대로가 아닌 있는 그대로, 통째로 듣는다는 거지요. 귀마개를 쓰고 있는 사람은 그걸 잘 못하겠죠? 여기서 말하는 귀마개가 뭐예요? 의심과 두려움입니다. 그래서 의식지수가 낮으면 못 듣는 거예요.

같은 말인데도 의심과 두려움이 없는 사람은 애정으로, 격려로 알아듣는 데 반해 그 아래에서는 질책으로 받아들이지요. 에이씨, 왜 나만 쪼아? 이렇게 되는 겁니다. 똑같이 어려움을 당해도 반응이 달라요. 의심과 두려움이 없는 사람은 고난이 닥치면, 왜 고난이 닥쳤는지, 어찌 해결할지 생각하며 하나라도 배워요. 그런데 의식이 낮은 사람들은 하늘이 나를 저주했다면서 운명을 원망합니다. 무당에게 가서 굿할 생각이나 하지요. 과학의 토대가 허약하니 미신에 빠지는 겁니다.

마음에 의심과 두려움을 가지고는 누구의 말도 온전히 들을 수가 없지요. 가슴의 응어리가 풀리고, 쌓였던 울분들이 녹아내려야만 귀마개도 느슨해지는 거예요. 그래야 말하는 자에게 스며드는 겁니다. 듣는다는 의식도 없이 그냥 하나가 되어가는 거라고요. 그때가 바로 의식이 급성장할 수 있는 절호의 기회입니다. 그 상태를 유지하면서 스승 옆에서 이삼 년만 들으면 내용을 다 꿰뚫어요. 그 다음부터는 스승이 무슨 이야기를 하는가가 훤하게 잡히지요. 소재와 재료만 다를 뿐 내용은 결국 같거든요. 예수의 말이든 붓다의 말이든, 요한복음이든 천부경이든 다 그렇습니다. 잘 들으면 전부 하나로 통해 있지요.

자동 시스템을 수동으로

자, 잘 듣는 것이 무엇의 시작이라고요? 내 의식 수준과 능력을 향상시키는 첫걸음입니다. 잘 듣다보면 잘 느껴져요. 여기서 느낌은 생각 이전의 느낌, 즉 과거에 속해 있는 생각이나 이론, 논리적 체계가 아닌 참나의 본질에 가까운 느낌을 말합니다.

스스로에게 '시방느낌은?' 하고 자주 물어보세요. 그러면 영혼의 첫소리인 시방느낌을 좀 더 잘 알아차릴 수 있어요. 이 훈련이 잘 된 사람은 어떤 자극이 오든지 자동반응이 아닌 선택응답을 합니다. 자기가 행복해지고 자유로워지는 쪽으로 느낌과 생각을 선택해서 골라 쓸 수 있게 되죠. 필 굿feel good 을 할 수 있는 거예요. 또 슬픔이 오면 슬픔을, 기쁨이 오면 기쁨을 충분히 만나고 보내줄 수 있습니다.

반면 이 부분이 막혀 있는 사람은 기계적으로 반응하지요. 위대한 선각자이자 신비주의자인 구르지예프Georgei Ivanovich Gurdiiev가 인간을 가장 모멸할 때 지칭한 단어가 기계인간이에요. 입력된 대로, 기존의 생각과 느낌대로만 살면 그건 진정 살아 있는 인간이 아닌 기계라는 거지요. 그는 기계인간에서 벗어나게 해주기 위해 제자들을 대단히 거칠고 독재적인 방식으로 훈련시켰어요. 일반적으로 반복되는 일체의 행동을 금지시켰습니다. 이를테면 오른손잡이는 왼손을 쓰게 하고 걸음도 이상하게 걷게 하는 식으로요. 그런 자극을 주지 않으면 본인이 얼마나 기계적으로 생각하고 행동하는지 알아차릴 수가 없다는 게 그 이유였지요.

시방느낌에서 시작하기

여러분, 명상이란 게 뭘까요? 깨어난다는 게 무엇입니까? 한마디로 그건 자기를 알아차리는 겁니다. 자동 시스템을 수동으로 바꾸는 거라고요. 솔직히 우리 다 자동으로 살아 왔잖아요. 누가 "이 새끼야" 하면 즉각 "왜 이 새끼야" 하고 반응하고.(웃음) 9시 뉴스에서 보도되는 사건 사고들 좀 보세요. 다 자동으로 움직여 생기는 일들입니다. 자극과 응답 사이에 공간이 있어야 하는데 그 공간이 없는 거예요. 그 공간 안에 내가 선택할 자유와 힘이 있는데 그걸 못 보는 겁니다. 내가 결정하는 수동의 힘과 아름다움을 모르니까 자동으로 가는 거

명상이란 게 뭘까요?
깨어난다는 게 무엇입니까? 한마디로 그건
자기를 알아차리는 겁니다.
자동 시스템을 수동으로 바꾸는 거라고요.

라고요.

우리가 먼저 알아차려야 하는 게 이 자동반응이고, 의식해야 하는 게 수동화 작업이지요. 기존의 습관과 패턴을 '일단 정지'하게 만드는 겁니다. 기존의 습관대로, 입력된 생각 따라 움직이는 순종적인 자동 시스템을 반역적인 수동으로 바꿔야 합니다. 그게 우리가 기존의 생각대로, 자극의 대한 반응대로 사는 게 아니라 스스로 선택하는 삶을 사는 첫걸음입니다.

그런데 이걸 사람들이 어려워해요.

명상은, 깨어남은 지금 여기에 존재하는 것이고 우리가 신을 만난다는 것도 마찬가지입니다. 신이라 불리는 '그것'이 있다면 그 이름은 '지금 여기'일 뿐이에요. 이게 모든 종교의 핵심입니다. 그런데 종교인이라면서, 예수와 붓다를 따른다면서 과거의 자동 시스템대로 살아서야 되겠습니까? 미래 또한 과거의 투사라는 점에서 그에 대한 걱정, 불안, 기대감도 결국은 자동 시스템에 의해 생기는 소산이라고 볼 수 있지요. 그러니 여러분, 자동 시스템에서 빠져나오는 것이야말로 지금 여기에 존재하는 길입니다. 과거가 사라지면 미래도 사라지지요. 그러면 매 순간 모든 게 새로워요. 늘 지금 여기에서 관계하니 어찌 안 그렇겠습니까? 그걸 위해 무엇부터 훈련하라고요? 생각 이전의 느낌, 즉 시방느낌을 알아차리는 것. 그걸 충분히 만나주고 알아주는 것. 그래요. 감각과 감성을 일깨우면 영혼의 소리가 더 잘 들리고 그 빛깔이 더 잘 보입니다. 그를 통해 참나의 본성에 가까이 갈 수 있다고요.

나의 귀로 듣고 나의 눈으로 보고

자, 그럼 이제 반야심경 구절로 들어갑니다. 오늘은 '관자재보살'부터 보겠습니다.

관자재보살 觀自在菩薩

성경은 어떻게 시작하지요? "하나님이 말씀하시기를", 그렇죠? 여기 나온 관자재보살도 마찬가지예요. 누가 관했느냐, 즉 누가 보았느냐는 겁니다. 누구라고요? 예, 자재보살입니다.

많은 이들이 아침에 신문 보고 저녁에 뉴스 보지요. 그런데 누가 봐요? 정말 내가 봅니까? 아닐 겁니다. 대부분 〈조선일보〉와 〈동아일보〉가 본 걸 보고, KBS와 MBC가 본 걸 보고 있을 거예요. 그래놓고는 자기가 본 걸로 착각합니다. 나아가 확신을 하지요. 그런데 관觀에는 늘 점點이 붙어요. 그저 관만 하는 경우는 거의 없다고요. 사람은 대부분 어느 점에서 봅니다. 〈동아일보〉나 〈조선일보〉의 점, 혹은 〈한겨레신문〉이나 〈경향신문〉, 〈오마이뉴스〉의 점에서 본다고요. 그러니 내가 어느 점에서 보느냐에 따라 시각이 굉장히 달라지겠죠?

특히 북한이나 팔레스타인에 관한 소식이 그래요. 주요 일간지나 방송사에서 보도하는 팔레스타인 관련 소식은 대개가 유대인의 관점과 입장을 대변합니다. 역사책도 그래요. 서양 논리, 유대인의 관점이 반영된 부분이 많아요. 한 해직 기자가 중동으로 유학을 갔다 와서 쓴 글을 봤더니 이런 내용이 나옵디다. 하루는 그가 도서관에 가서 중세사에 관한 책을 읽었대요. 이슬람권의 중동 사람이 쓴 것이었는데 그걸 읽다가 너무 놀라서 중간에 책을 덮었다는 고백을 합니다. 우리는 '한 손엔 코란, 다른 손엔 칼'이라는 공식으로 이슬람교를 봐왔는데, 그 책은 거꾸로 기독교를 '한 손엔 성경, 한 손엔 칼'이라는 말로 표현하고 있더라는 것이죠. 다시 말해 그이는 자기가 알고 있던 게 전부 거짓일지 모른다는 두려움에, 절반만 아는 건 차라리 모르는 것만 못하다는 자괴감에 책을 다 읽을 수 없었다는 겁니다.

비슷한 예로 북한 김일성 문제도 그래요. 그는 일본 교과서에도 항일 투쟁한 인물로 그려집니다. 그런데 정작 우리나라에서는 그 부분은 빼고 북한에 공산괴뢰정부를 세운 빨갱이로만 묘사합니다. 근현대사도 이런 수준인데 하물며 예수나 붓다 같은 인물은 어떻겠어요? 우리가 아는 그들에 관한 역사적 사실은 거의 전설의 고향 수준 아니겠습니까? 그런데도 내가 옳네 당신이 틀리네 하고 서로 싸우니 그게 더 문제지요. "당신은 그렇게 봅니까, 나는 이렇습니다." 하면 그만이에요. 싸울 이유가 없어요. 더욱이 논쟁의 주제가 되는 예수나 붓다는 애초에 그 논쟁과는 아무 상관도 없다고요.

《어른들은 바보예요》라고, 9세 아이가 구술한 것을 21세 남자 어른이 받아쓴 책이 있는데, 중간에 이런 대화가 나와요.

"아저씨, 어른들은 왜 싸워?"
"생각이 다르니까."
"생각이 뭔데요?"
"관점이지. 관점이 달라서 싸우는 거야."

"관점이 다른데 왜 싸워?"

어때요? 이 대화를 보니까 관점이 다르다고 싸우는 게 우습게 느껴지지 않습니까? 남이 본 걸 직접 본 걸로 착각해서도 안 되지만, 설혹 자기가 직접 보고 듣고 경험했다 할지라도 늘 애써서 그걸 점검할 기회를 가져야 해요.

대부분의 기독교인들은 모세가 지팡이로 홍해를 가른 걸로 알지요.《십계》라는 영화에 그런 장면이 나오니까 그냥 그렇게 아는 거예요. 그런데 성경에는 발을 딛었을 때 갈라졌다고 합니다. 또 카발라Kabbalah 성경을 읽는 이들은 바닷물이 코에 찼을 때 갈라졌다고 주장해요. 그러면 이게 뭐예요? 삶의 메타포라는 거죠. 은유라는 겁니다. 그런데 그 속뜻을 읽지 못하니 서로 말 갖고 싸우는 거예요.

일상에서 보면 같은 사건을 경험한 사람끼리도 의견이 다른 데, 옛날 옛적에 쓰인 구절 하나하나에 대한 생각이 어떻게 같을 수 있어요? 내가 생각하는 게 맞다고 어떻게 확신할 수 있냐고요.

'스스로 있는 자'의 의식으로 점프하라

다시 반야심경 구절 봅니다. 관자재보살, 즉 자재보살이 본다는 겁니다. 그런데 어느 관점에서 보느냐에 따라 결과가 달라진다고 했지요? 어느 날 세 사람이 해가 어디서 뜨는가에 관해 설전을 벌입니다. 산에 사는 한 사람은 산에서 떠서 산으로 진다고 합니다. 바다와 산이 인접한 곳에서 사는 또 한 사람은 바다에서 떠서 산으로 진다고 하고요. 그러자 나머지 한 사람이 이렇게 주장합니다. "모르는 소리 말어 이 사람들아. 해는 우리집 지붕 위로 떠서 그리로 진다구."(웃음)

여러분, 내가 보는 점을 알아야 해요. 관하는 나의 점, 다시 말해 나의 위치와 높이, 그리고 깊이를 알고 점검해야 한다고요. 그걸 점검하는 게 지식인이고 지성인입니다. 명상가의 바른 태도예요. 또 유일하게 종교로 가는 길이기도 합니다. 그런데 많은 사람이 어때요? 자기의 점을 몰라요. 그러니 남이 본 걸 자기가 본 걸로 착각하고 우깁니다. 남대문 안 본 사람과 본 사람이 싸우면 안 본 사람이 이긴다는 말이 그래서 나오는 거예요. 기독교 역사를 봐도 그래요. 그냥 막무가내로 우기는 사람이 이기니 깨달은 사람들은 전부 사막으로 갔지요. 논쟁해봐야 소용없으니까 사막에서 수행한 겁니다.

자, 그러면 보는 주체인 자재보살은 과연 누구일까요? 자재自在, 즉 스스로 있는 분이죠. 교회 다니는 사람들 대답해보세요. 스스로 있는 존재가 누구입니까? 그렇죠. 야훼, 곧 여호와입니다. 이스라엘 백성들이 처음 만난 하나님은 엘로힘Elohim, 즉 힘의 하나님이었어요. 그러다 모세를 통해 야훼를 만나게 됩니다. 모세가 애굽을 떠나기 전에 이집트 사람들의 위협을 피해서 미디안 광야로 도망갔잖아요. 그다음 얘기는 다들 알 것입니다. 어느 날 타오르는 불을 보고 가까이 갔더니 나무에 불이 붙었는데 타고 있지는 않아요. 이를 이상하게 여기고 있을 때 어디선가 음성이 들립니다. "모세야 모세야, 신발을 벗어라. 여기는 거룩한 땅이다." 그러자 모세가 묻지요. "당신은 누굽니까." 이 대목에서 자재가 나오는 겁니다. 하나님이 "나는 스스로 있는 자다"라고 대답해요.

"당신은 누구입니까." "지금 어디에 있습니까." 저는 이 질문이 아주 중요하다고 생각해요. 이 질문은 어쩌면 4차원 의식 세계로 들어가게 하는 문입니다. 모세도 자재하는 야훼를 만나기 전에는 3차원 의식에 갇혀 있었어요. 이스라엘만 거룩한 땅인 줄 알았죠. 그런데 하나님이 말씀하시는 겁니다.

지금 네가 선 곳이 거룩한 땅이라고요. 그래요. 4차원 의식으로 보면 지금 여러분이 서 있는 바로 그곳이 지성소至聖所예요. 우주의 배꼽이자 세상의 중심이 되는 겁니다.

다윗 이전에는 성막이라고 해서 하나님이 움직일 수 있었어요. 그러다 다윗과 솔로몬 대에 와서는 성소를 지어 하나님을 가두어버리고, 거기에 들어가야만 하나님을 만날 수 있다고 주장합니다. 요즘 말로 하면 하나님 팔아서 입장료 받고 세금 떼고 들여보낸 거예요. 결국 이게 뭐예요? 하나님 빙자해서 관권통치한 겁니다. 그걸 본격적으로 허문 게 바로 예수지요. 예수는 사람들이 지은 집 속에 하나님이 계실 리가 없다고 했어요. 히브리서 보면 예수가 십자가에서 죽을 때 성전 휘장이 찢어졌다고 돼 있습니다. 하나님이 나가신 거예요. 성전이 빈집이 돼버린 거죠. 또 예수는 그랬습니다. 두세 사람이 있으면 거기 하나님이 함께 하신다고요. 이렇게 예수는 3차원 공간에 갇혀 있던 사람들을 풀어놓았습니다.

사마리아 여자에게 물을 청한 이야기도 비슷한 예입니다. 예수가 물을 달라고 하자 여자가 말하지요. "당신은 유대인 남자고 나는 사마리아 여잔데 어떻게 당신에게 물을 줍니까?" 그러자 예수가 답합니다. "내가 누군지 알면 너는 내게 물을 달라 할 것이고, 그 물을 한 모금만 마시면 너는 물 길러 여기 오지 않을 것이다." 얘기를 나누다보니 사마리아 여자에게 예수가 보이기 시작하는 거예요. 예사 사람이 아니라는 걸 눈치 챈 거지요. 그래서 다시 묻습니다. "어디 가서 예배를 드려야 할까요?" 이 질문이 중요합니다. 그 당시 최고의 화두였어요. 사마리아인들은 그리심산에서, 유대인들은 예루살렘 성전에서 예배를 드려야 한다고 생각했으니까요. 우리말로 하면 가톨릭과 개신교, 개신교 중에도 침례교, 장로교 이렇게 각각 나뉘어 있었던 겁니다. 그런데 예수가 그 민감한 질문에 이렇게 대답해요. 예루살렘 성전도 아니고 그리심산도 아닌, 신령과 진정으로 예배를 드릴 때는 지금이라고요. 이건 그야말로 모든 기득권을 깨는 발언이에요. 신령은 영이니 공간을 초월하고 진정은 진리이므로 시간을 초월합니다. 다시 말해 예배의 핵심은 시공간을 초월하는 데 있음을 예수가 설파한 거예요. 3차원에서 4차원으로 점프시킨 거지요.

자재보살은 곧 4번가 사람

모세가 광야에서 여호와를 만나고 사마리아 여인이 예수를 만난 사건을 통해 우리가 알아야 하는 건 뭘까요? 엄밀하게 따지면 순수의식만 진짜고 나머지는 가짜라는 겁니다. 나머지는 생각의 차원이고 기술이라는 거예요.

자재 다음에 오는 보살菩薩은 보리살타의 준말입니다. 보리는 깨달았다는 것이고 살타는 중생을 의미해요. 다시 말해 보리살타는 속세에서 중생의 교화를 위해 애쓰는 것을 말합니다. 그러니 자재보살이라 함은 완전히 깨달아 일체의 고통과 윤회에서 벗어났으되 일체 중생의 구제를 위해 속세를 다시 택한 존재를 의미하는 거지요.

표(64쪽)를 하나 보면서 이야기 해볼까요. 이건 제가 '4번가 지도'라고 부르는 거예요.(웃음)

1번가에 사는 사람은, 존재계에 대한 깨달음도 없고, 현상계에 대한 의식도 미미해요. 즉, 자재도 보살의 정신도 다 부족해요. 존재감 없이 불평불만으로 가득 찬 이들이 사는 곳입니다. 2번가에는 존재감이나 자재에 대한 지혜는 없지만 열심히 사는 사람들이 모여 있어요. 이들의 특징은 물적 토대는

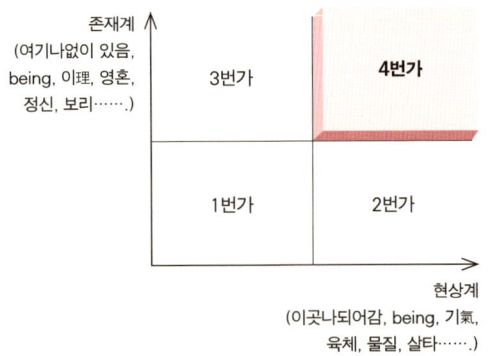

있되 행복하지 않다는 거지요. 그래서 피해의식에 사로잡혀 있습니다. 반면 3번가에 사는 사람은 이 세상에 왜 왔는지를 모르고 다만 존재로만 있으니까 자기를 세상과 분리시켜 냉소적으로 봅니다. 자재하되 보살의 정신이 부족한 거예요. 마지막 4번가는요? 그렇죠. 제가 좋아하는 동네입니다.(웃음) 자재보살, 즉 자재와 보살의 통합인 거죠. 우리가 이사 가고 싶은 동네요, 우리가 목표하는 동네죠. 아니, 우리는 본래 4번가 사람입니다. 그걸 우리가 깨우치지 못하고 사는 거죠. 우리는 본래, 다 4번가 사람들입니다. 이걸 부처님은 '깨우치면 중생이 다 부처'라고 하신 거죠.

　다음 구절 나갑니다.

행심반야바라밀다시行深般若波羅蜜多時

조견오온개공照見五蘊皆空

도일체고액度一切苦厄

반야바라밀다를 행하여 조견오온개공임을 아니 일체의 괴로움과 고통을 넘어선다는 거예요. 풀어 말하면 자재보살의 4번가 의식, 즉 깨달은 의식으로 보니 오온이 공하고, 그것을 비추어보는 순간 모든 고통에서 자유로워진다는 의미입니다. 이 중에서도 조견오온개공, 이게 반야심경의 핵심이라고 할 만큼 중요한 대목이에요.

그럼 오온이 뭘까요? 색色, 수受, 상想, 행行, 식識, 이걸 오온이라 합니다. 색色은 쉽게 말하면 물질입니다. 물질로 이루어진 세상이에요. 그런데 인간이 이 세상을 받아들이는 통로가 있지요. 그게 바로 수受예요. 우리 몸의 감각인 안이비설신眼耳鼻舌身입니다. 눈으로 보고 귀로 듣고 혀로 맛을 보고 코로 냄새를 맡고 촉각으로 이 세상을 느끼잖아요. 이처럼 감각을 통해 세상을 받아들이는 순간 우리 안에 상이 생깁니다. 여기서 상想이란 일종의 느낌이에요. 싫거나 좋거나 혹은 괜찮다는 그런 느낌이요. 이 상에 오기까지는 전부 같아요. 같은 물질이 같은 경로를 통해 들어오는 겁니다. 그런데 상에 오면 달라지죠. 같은 색깔을 봐도 어떤 이는 좋아하는데 어떤 이는 싫어해요. 똑같은 소리를 들어도 그 느낌은 사람마다 다르다고요. 누구에게는 향수처럼 좋은 냄새가 누구에게는 구역질 나는 악취일 수도 있다는 겁니다. 촉감도 그렇죠? 같은 것을 만져도 누구는 징그럽다 하고 누구는 부드럽다고 하잖아요. 이렇게 상이 달라짐에 따라 어떤 결과가 생겨요? 그렇죠. 짓는 업, 행行이 달라집니다. 그러고 나면 그게 식識이 되어 인식으로 확고해지고요.

그래요. 과거의 인식대로 보고 듣지 말라는 겁니다. 자동 시스템을 그대로 따르는 대신 거꾸로 그걸 끊어버리자는 거예요. 우리 안의 상을 바꿔서 궁극적으로는 인식을 바꾸자는 거죠. 결국 사람의 차이는 인식에서 생기는 거니까요.

인 더 스페이스In The Space도 그래서 중요하게 다루는 겁니다. 자극과 응답 사이에 공간이 있어요. 그 공간 안에 자유와 행복을 선택할 수 있는 우리의 권리가 있고요. 인식이 바뀌면 내가 나의 행복과 자유를 선택할 수 있습니다. 반면 자동시스템대로 이해하고 움직이면 공간이 사라져버리지요. 그러면 내가 선택할 여지가 없으니 자유와 행복은 점점 더 멀어질 수밖에 없는 겁니다.

많은 성인들이 공간을 창출하는 수련으로 추천하는 게 바로 호흡명상이에요. 호흡은 몸과 영혼을 이어주는 다리와 같다고 하지요. 호흡이 끊어지면 둘의 관계가 해체됩니다. 숨은 누가 쉬어요? 내가 쉰다고 하는 사람은 숨을 한 번도 관찰해보지 않은 사람이에요. 잠깐이라도 멈춰보면 압니다. 숨은 내가 쉬는 게 아니라는 것을요.

모든 게 연결되어 있음, 그것이 공

자, 다시 반야심경 구절로 갑니다. 오온이 공空이라고 그랬어요. 비어 있다는 겁니다. 그런데 여러분, 비어 있다는 게 뭘까요? 이 방 비어 있습니까? 이 물잔 비어 있어요? 관자재보살은 비어 있지 않다고 합니다. 그러고 보니 어때요? 공기로 채워져 있지요?

불교의 핵심이 바로 이 공이에요. 그러니 우리가 어떻게든 그것을 뚫어야 해요. 비어 있다는 것, 그건 서로 연결돼 있음을 의미합니다. 떨어져 있을 수 없다는 거예요. 일례로 우불교의 핵심이 바로 이 공이에요.
그러니 우리가 어떻게든 그것을 뚫어야 해요.
비어 있다는 것, 그건 서로
연결돼 있음을 의미합니다.
떨어져 있을 수 없다는 거예요.

리 몸의 코와 눈이 과연 떨어져 있을까요? 냄새는 안 맡고 보기만 할 수 있나요? 귀와 입은 어때요? 듣지 않고 먹기만 할 수 있어요? 허파와 심장은요? 예, 그렇습니다. 그 어떤 것도 분리할 수 없어요.

자 여기 종이 한 장이 있습니다. 여기 이 종이가 뭐로 보이시나요? 종이는 그냥 종이라고요? 아니죠. 종이를 종이로 보는 한 종이라 불리는 그것을 본 것이 아니라고 하죠. 왜 그래요? 종이는 종이가 아닌 요소들로 이루어져 있으니까요. 이걸 이해하면 공 개념을 뚫을 수 있습니다. 자, 다시 한 번 이 종이를 보세요. 뭐가 보입니까? 그래요. 햇빛, 물, 구름, 바람, 나무, 그 나무를 베어낸 사람, 그 사람이 먹은 음식, 그를 태우고 간 자동차, 그 자동차를 만든 사람, 그를 낳은 아버지…… 무궁무진하지요?

이번엔 다른 예로 상추와 우유를 볼까요? 상추를 뜯어 먹고 소화시킨 소가 우유를 분비합니다. 그 우유를 마신 사람의 똥과 오줌이 밭에 거름으로 뿌려져 상추가 자라나고요. 그러니 상추가 우유고 우유가 상추 아니겠어요? 이렇게 무엇 하나 홀로 있을 수 없다는 것, 곧 모든 게 연결되어 있는 것이 공입니다.

이 공에 대해 여러분은 생각하고 또 생각해서 경험을 해야 합니다. 오늘 들은 것으로 끝내면 남는 게 없이 그냥 술술 빠져나가요. 나도 모르게 흘려버리게 된다고요. 그러니 장미 한 송이, 혹은 종이 한 장을 앞에 놓고 10분, 30분, 1시간, 나아가 하루 동안 보시라고요. 자재보살의 눈으로 보는 겁니다. 사물 속을 꿰뚫어보고 깊이 생각하세요. 그러다보면 어느 순간 아하, 하는 경험이 일어납니다. 그러면 다음 여행을 더 깊이 할 수 있게 되지요.

모든 것이 공하다는 것, 말이 아닌 경험으로 이해해야 해요. 그러면 일체의 고통을 넘어섭니다. 이게 바로 구원이고 해탈이지요. 열반에 이르는 겁니다. 그래요. 깨닫는다는 건 결국 이 세상 만물의 실상이 공空임을 아는 것입니다. 모든 것이 서로 비롯해 있음을, 비어 있음으로 충만함을, 서로 연결되어 있음을 온몸으로 이해하고 느끼는 거예요. 아직도 뭔가 미진하다는 느낌이 드는 분은 틱낫한Thich Nhat Hanh 스님이 해설한 반야심경을 읽어보세요. 많은 도움이 될 것입니다.

오늘은 여기까지 합니다.

공은 색으로 나타나고 색은 공으로 회귀한다

그대 사리붓다들이여

육체와 영혼

물질과 정신

현상과 존재가 하나임을 알라

색즉시공色即是空 공즉시색空即是色

다만 때가 되어 나타나고

때가 되어 회귀할 뿐

오늘은 조용필의 노래로 시작해 볼까요?《서울서울서울》이
란 노래가 있죠. 시작이 이렇습니다. "해 질 무렵 거리에 나가
차를 마시면……."

저는 가끔 특별한 일이 없을 때면 집에서 해 질 무렵을
기다립니다. 마침내 해가 지기 시작하면 그동안 입어보지 못
한 옷을 주섬주섬 입고 워커도 꺼내 신고 모자도 가장 멋진
것으로 골라 쓰고 아파트 밖으로 나가지요. 그러면 어느 순간
거리의 불들이 하나둘씩 켜져요. 환해진 거리를 피해 공원으
로 갑니다. 그곳엔 아직 어둠이 고여 있어요. 그걸 만나고 싶
은 겁니다. 해 질 무렵의 어둠은 새벽녘 동트기 전의 어둠과
는 또 다릅니다. 더 고요하고 평화로운 느낌이지요. 낮에는

찾아볼 수 없던 넉넉함도 있습니다.

성경에 보면 하나님이 인간을 찾아 나선 시간도 해 질 무렵이라고 기록되어 있어요. 그 이유가 궁금하지 않아요? 낮에는 뭐하셨기에 하필이면 저녁 서늘할 때 '아담아 너 어디 있느냐'고 물으신 걸까요?(웃음)

심리학자들이 조사한 바에 따르면 해 지는 풍경을 많이 보고 즐기며 자란 사람들의 가슴이 유난히 뜨겁다고 합니다. 가슴 정서가 발달했다는 얘기죠. 그래서 서쪽에서 시인이 많이 난대요. 시인은 아니지만 저도 해 질 녘을 좋아하지요. 그 무렵이 되면 존재로 충만해져요. 그래서 가만히 홀로 있는 가운데 스스로에게 묻고 또 묻게 되지요. 내가 누구지? 나 지금 어디 있지? 이곳에 왜 나타났지? 이렇게요. 그러고 보니 우리가 반야심경을 읽고 있는 이 시간도 해 질 무렵이네요. 여러분 모두 존재로 충만해지는 그런 시간이 되었으면 하는 마음으로 강의를 열겠습니다.

사리자, 훈련을 통해 사람 된 이

지난 시간에 조견오온개공 도일체고액, 즉 오온이 공한 것을 아니 온갖 고통과 괴로움에서 풀려난다는 구절까지 했어요. 그다음은 이렇게 이어집니다.

사리자舍利子

사리푸트라Sariputra라는 이름을 지닌 사리자는 붓다의 수제자 10명 가운데서도 지혜의 일인자로 알려져 있습니다. 뛰어난 학식과 지식을 갖춘 사람으로 붓다의 제자가 되기 전부터 자신의 제자들을 데리고 인도 전역을 다니며 수많은 수행자, 선각자들과 논쟁을 벌인 것으로 유명합니다. 붓다를 만난 것도 바로 논쟁을 벌이기 위함이었지요. 하지만 붓다의 지혜에 감복하여 제자가 되었고, 그 후 십 몇 년 만에 공을 이해할 수 있는 수준에 올라 스승으로부터 반야심경의 가르침을 받게 됩니다. 다시 말하면 붓다가 이 경전을 설파하고자 사리자를 등장시킨 거예요.

어떤 이는 사리자를 집주인이라고도 해석하더군요. 이

해석도 나름 의미가 있습니다. 참나는 내 안의 진정한 주인과도 같으니까요. 그런 면에서 우리가 혹시 집만 보고 집주인을 못 보는 건 아닐까, 하는 질문을 던져볼 수 있습니다. 많은 이들이 흔히 이 육체를, 마음을, 이름과 지위를 나라고 생각하면서 살잖아요. 한낱 집에 지나지 않는 것을 주인인 양 모시고 사는 꼴이지요. 이런 사람은 집주인이 가출을 해도, 굶어 죽어도, 외로워도 모릅니다. 오직 집만 붙잡고 지키는 거예요. 그래서는 반야를 이해할 수 없지요. 그걸 내 것으로 삼을 수 없습니다. 다시 말해 붓다가 "사리불이여!" 하고 반야심경에 등장시킨 것은, 참나를 궁구하는 자만이 궁극적인 지혜에 도달할 수 있음을 알려주고 있다 할 것입니다.

모든 스승은 제자를 훈련시킵니다. 제자들로 하여금 그들 내면의 신성, 참나의 디자이어desire를 발견하도록 훈련시킨다고요. 예수와 붓다 또한 그 일을 한 분들입니다. 그런 면에서 붓다의 수제자인 사리자는 훈련이 많이 된 사람이라고 볼 수 있겠지요.

사람은 어떤 훈련을 받느냐에 따라 달라집니다. 남자들은 훈련 하면 군대부터 생각나지요? 과거에는 동기들이 같은 시기에 입대하는 경우가 많았어요. 그러니 첫 휴가를 받으면 자연스럽게 한자리에 모이게 되었죠. 놀라운 건 입대한 지 불과 3개월에서 6개월밖에 안 됐는 데도 인간이 바뀌어 있다는 거예요. 방위병 훈련 받은 이는 정말 방위가 되어 있습니다. 해병대 지원한 이는 귀신 잡는 해병대가 되어서 오고요. 또 학사장교가 된 친구에게선 장교 티가 줄줄 흘러요. 군대라서 그렇다고요? 군대보다 더 고도의 훈련 시스템을 갖춘 곳은 대기업입니다. 거기는 자체적으로 연구소와 연수원까지 갖춰놓고 훈련을 시키죠.

그러나 무엇보다도 사람 훈련시키는 걸 목적으로 하는 것은 종교입니다. 예수와 붓다가 그랬지요. 사람들 훈련시켜서 사람 만드는 일 한 겁니다. 요즘 유행하는 코칭coaching이며 명상도 다 훈련 프로그램입니다. 의식을, 생활을 훈련시켜 바꾸는 거예요. 오래 앉아 있는 것 하나도 훈련이 돼야 가능합니다. 자기의 들숨 날숨, 그 사이를 지켜보는 것도 훈련이 돼야 해요.

의식을 바꾸려면 제자가 되어야 한다

사람의 가장 큰 특권 중에 하나는 스스로 훈련할 수 있다는 겁니다. 여러분, 개가 스스로 훈련한다는 얘기 들어본 적 없지요? 그래요. 사람만이 스스로를 훈련의 장에 집어넣을 수 있어요. 아무것도 안 해도 물론 나이는 먹습니다. 하지만 그래서는 의식의 성장이 멈추지요. 선생님을 만나고 책을 본다는 것, 그 모두가 스스로를 훈련시키는 겁니다. 일찍 일어나고 잠드는 것도 훈련입니다. 자극과 응답 사이에 뭐가 있다고요? 공간이 있지요. 스스로 자유와 행복을 선택할 수 있는 공간이 있어요. 그런데 선택하는 훈련이 안 된 사람은 그걸 못해요. 엄청난 가능성의 세계가 우리 앞에 펼쳐져 있는데 훈련을 안 해서 그에 진입을 못하는 거죠.

훈련을 영어로 디서플린discipline이라 하죠. 거기서 파생된 단어로 디사이플disciple이 있어요. 우리말로 풀면 제자, 문하생이에요. 훈련이 잘된 사람, 진짜 사람으로 거듭나는 훈련을 받은 사람이 제자라는 거지요. 그러니까 우리 다 뭐가 되어야 한다고요? 예, 제자가 되어야 합니다.

그런데 학교에서 제자 되는 과정 거칩니까? 제자 되는 시힘 봅니까? 아니죠. 단순한 정보와 지식을 주입시키고는 그걸 달달 외워 쓰게 하는 시험만 봅니다. 그 아이의 심신이 바르고 건강한지, 잘 보고 잘 듣는지, 부지런하고 진실한지, 아는 것을 얼마나 행동으로 옮기는지 따위에는 관심이 없어요. 사람 되는 데 가장 중요한 삶의 태도는 안 가르치고 평가도 안 하는 겁니다. 그러니까 진정한 사람으로 클 수가 없는 거죠.

중요한 건 의식을 바꾸어서 궁극적으로 삶을 변화시키는 훈련을 하는 겁니다. 훈련할 때는 이름, 직업, 직위, 나이, 종교 등 평소 달고 다니던 계급장 다 소용없어요. 누가 사장님이든 목사님이든, 손주를 둔 할머니든 상관없어요. 다 그냥 들꽃 님이고 바람 님입니다. 유격훈련장이 그와 꼭 같아요. 장교와 이등병이 따로 없습니다. 제가 군에 갔을 때는 다 올빼미라 불렸어요. 1번 올빼미, 2번 올빼미 이런 식으로요. (웃음) 그런데 수련하러 와서는 이게 기분 나쁘다고 불평하는 사람들이 있지요. 어린 것들이 맞먹으려 해서 싫다는 겁니다. 가방끈 짧은 사람과 똑같은 대접받는 게 자존심 상한다는 거예요. 춤추는 게 어색하고 화내는 게 싫대요. 그런 저차원적인 의식을 뛰어넘어야 사람 사는 걸 알게 되는데 그걸 못하겠다는 겁니다. 왜 그래요? 의심과 두려움 때문에요. 안 해본 건

끝까지 외면하고 싶어 하는 마음이 그렇게 강합니다.

이런 사람이 과연 사리자가 될 수 있을까요, 없을까요? 없지요. 훈련을 거부하니 제자가 될 수 없고, 제자가 못 되면 사람이 안 되는 거예요.

집주인의 눈으로 '그것' 만나기

젊은 시절에 고승을 한 분 만난 적이 있습니다. 월남 스님이라고, 속리산 법주사 주지로 있을 때 아래 스님들을 거리로 내몬 분이에요. "서류에 도장 찍으려고 중 됐느냐, 그게 아니면 어서 나가서 탁발이나 해와라"라고 하면서요. 그렇게 강직하고 수행 정신에 충실했던 분인데, 어느 날 소식을 듣자하니 돌아가셨다는 거예요. 다비식을 연다기에 참석하러 갔지요. 마침내 식이 진행되어 높이 쌓은 단에 불이 붙으니까 여기저기서 스님들이 외치는 소리가 들려요. 누군가 이렇게 고함을 칩니다. "스님, 아무것도 없다고 하셨는데 지금 타고 있는 당신은 무엇입니까?" 그러자 또 저쪽에서 누군가 이럽니다. "월남 스님, 스님 집에 불났어요. 빨리 나오셔야죠."

아, 그 순간 정신이 번쩍 했어요. 그 말이 "나사로야 나오너라." 하는 예수의 목소리로 들렸거든요. 지금 생각하니 그 사람이야말로 사리자 같은 제자가 아닐까 싶습니다. 집에 불났다는 그 말이 무슨 뜻이에요? 우리 육체는 집일뿐이라는 거죠. 반야심경의 표현대로 하면 색, 수, 상, 행, 식은 단지 집이라는 겁니다. 그런데 많은 사람들은 그것들이 집주인인 줄알고 평생을 떠받들며 살잖아요. 정작 주인은 만나지도 못하고요.

깨어난다는 건 집을 집주인으로 착각하고 사는 것, 그 미망에서 벗어나 사실과 진실을 보는 걸 의미합니다. 그게 가짜라는 것을, 내가 속고 있다는 것을 아는 거예요. 제 수련 테마중에 '그것과 하나 되어 느껴보기'가 있습니다. 나무와 하나가 되는 게 아니에요. 그것과 하나 되기입니다. 이런 수련도 비슷하지요. 사람들을 느티나무 앞에 서러하고 시방느낌을 말해보라 합니다. 그러면 크다, 무겁다, 쓸쓸하다…… 이런 표현들이 나옵니다. 심지어 얼마짜리인지 셈해보는 사람도 있어요. 자기의 의식 수준대로 대상을 보는 겁니다. 그때 제가 말하지요. 느티나무를 느티나무로 보는 한 느티나무를 보는 게 아니라고. 그래요. 다른 차원의 세계가 있음을 알려주

깨어난다는 건 집을 집주인으로
착각하고 사는 것, 그 미망에서 벗어나
사실과 진실을 보는 걸 의미합니다.
그게 가짜라는 것을, 내가 속고 있다는 것을
아는 거예요.

는 겁니다. 느티나무는 이름일 뿐이라는 것을 가르쳐주는 거예요. 그 이름과 그에 대한 기존의 생각과 입력된 느낌을 다떨어낼 때라야 느티나무라 불리는 '그것'의 실상을 만날 수있다고 일러주는 거지요. 이 테마가 어디까지 연결돼요? 예, '가방장'이라는 수련으로 이렇게 연결됩니다.

가방, 누구의 것입니까?

—누구의 것도 아닙니다.

쥐가 살면요?

—쥐 집이 됩니다.

꽃 심으면요?

—화분이지요.

그러니까 가방은 무엇이에요?

—무엇이 아닌 가방이라 불리는 그것입니다.

그러고 보면 넥타이나 양복이나 옆에 앉은 영이 엄마나다 '그것'으로 보이죠?(웃음) 내 몸도 몸이라 불리는 '그것'이지 진정한 내가 아닙니다. 그러니 동일시하지 마시라고요. 동일시하는 순간 참나도 못 만나고 몸도 못 만나요.

산은 다시 산임을 알기까지

모든 도는 3단계를 거치게 돼 있어요. 1단계는 산은 산이고 물은 물인 단계예요. 산은 산이 아니고 물은 물이 아니다, 이게 2단계고요. 그러다 다시 산은 산이고 물은 물임을 아는 3단계로 오지요. 변증법에서는 이를 정반합正反合으로 설명합니다. 기독교에서는 자연인, 십자가, 부활로 보고요. 키에르케고르가 말한 미적 실존, 윤리적 실존, 종교적 실존이나 맹자가 설한 사실과 진실과 진정의 세계도 다 이 3단계를 표현한 겁니다.

여러분, 대둔산 가는 길 위에서는 대둔산이 보이지요? 그런데 주차하고 표를 사서 올라갈 때는 대둔산이 안 보여요. 보이는 건 다만 나무들, 길, 그 위에 깔린 나뭇잎과 돌뿐입니다. 서서히 다리가 아프고 숨이 차기 시작해요. 어깨가 짓눌리고 땀이 비 오듯 흐릅니다. 그러면 대부분의 사람들은 중간에 주저앉지요. 김밥 먹고 막걸리 마시고 수다나 떱니다. 통계에 의하면 등산하는 이의 약 3퍼센트 정도만 정상까지 간다고 해요. 말하자면 그 3퍼센트의 사람만이 다시 대둔산을 봄으로써, 대둔산은 대둔산이라는 것을 알게 된다는 것이죠.

조금 오르다가 중간에 포기하고 내려가는 사람들은 절대 볼 수 없고 느낄 수 없는 것을, 정상까지 다 오른 사람들은 이렇게 향유할 수 있다는 말입니다.

우리 사는 것도 이와 비슷하지 않나 싶습니다. 산은 산이라는 1단계로 들어가는 건 쉬워요. 아이들에게 넌 누구냐고 물어보세요. 백이면 백, 나는 나라고 대답합니다. 아직 때가 묻지 않은 단계이기 때문에 그들은 무의식적으로 아는 겁니다. 그래서 옳은 대답이 나오는 거예요.

그런데 청소년기, 청년기 거치면서 내가 더 이상 내가 아닌 과정을 거칩니다. 모범생으로 살다가 반항아도 됐다가, 또 실업자에서 직장인도 돼보고, 말단직원에서 상사도 돼봅니다. 그러다 결혼을 해서 부모로 살기도 하고요. 문제는 이 과정에서 많이들 막힌다는 겁니다. 끝까지 '돼'보지 못하고 중간에 포기하는 경우가 생긴다고요. 처음 취직하면 어때요? 아무리 말단이어도 기쁘고 행복하지요? 의욕에 가득 차 있습니다. 하지만 어느 날부턴가 사표를 갖고 다녀요. 일 년에 200번은 그만두는 꿈을 꿉니다. 결혼은 또 어때요? 좋아서 했는데 신혼여행 갔다 오자마자 도로 물리고 싶어 하는 사람 많잖아요.(웃음) 갈등하고 고뇌하는 가운데서도 계속 전진하여 어느 지점을 넘어서면 3단계로 진입을 하는데 그게 쉽지 않다고요.

반야심경도 마찬가지예요. 핵심을 꿰뚫으려면 처음에 좀 어려워도 포기하지 말고 계속 나아가야 해요. 특히 지금 설명하려는 두 가지 개념, 색과 공을 이해하는 게 아주 중요합니다. 자, 사리자 다음 구절 보세요.

색불이공色不異空
공불이색空不異色
색즉시공色卽是空
공즉시색空卽是色

우리가 사는 세상은 물질세계입니다. 색의 세계라고요. 하지만 그게 전부는 아닙니다. 색의 세계를 나타나게 한 근본인 존재계, 즉 공이 있지요. 그래서 이 둘의 만남을 어떻게 보고 해석하는가가 반야심경의 핵심이 되는 겁니다.

색과 공, 다르지 않거나 혹은 같거나

색불이공 공불이색의 뜻이 뭡니까? 색과 공은 서로 다르지 않다는 거죠? 그런데 왜 같은 내용을 단어순서만 바꿔가면서 두 번이나 반복했겠습니까? 그건 어느 하나에도 치우치지 말라는 의미인 것 같아요.

보통사람들이 색에 빠지기란 어려운 일이 아니죠. 이 세상, 그리고 그와 접촉하는 이 몸도 물질로 돼 있으니까 자칫 그에 빠져들어 신봉하기가 쉽다고요. 그런 이에게 반야심경이 일러주는 게 바로 '색불이공'이에요. 반면 공에 빠지는 사람도 있습니다. 세상 등지고 죽어라 십자가만 바라보는 사람들.(웃음) 그렇죠? 그들은 이 세상을 악의 세계, 아주 낮은 차원의 욕망으로 가득 찬 세계로만 봅니다. 그러니 이 세상에 온 이유를 몰라요. 우리 이곳에 왜 왔어요? 살러 왔죠? 삶을 통해 나 '되러' 왔다고요. 존재인 나를 이곳에 실현하러 왔다 이겁니다. 그런데 그게 빠져 있으니 사는 것 자체가 비어 있어요. 그런 이에게 반야심경이 들려주는 전언이 '공불이색'입니다. 그러면 여러분의 이해를 돕기 위해 4번가 그림 다시 한 번 보지요.

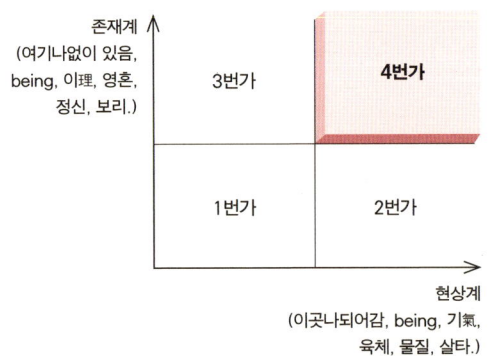

색에만 빠져 있는 사람들이 사는 동네가 2번가예요. 반면 공에만 몰입해 있는 사람들의 동네는 3번가지요. 그런데 4번가는 어때요? 색과 공이 떨어져 있는 게 아님을 알고 그 둘을 통합해서 사는 이들의 세계입니다. 불교에서 말하는 중도中道도 이와 다르지 않습니다.

그런데 색불이공 공불이색 다음 구절이 색즉시공 공즉시색이에요. 둘이 분리되어 있지 않다는 것을, 다르지 않다는 것을 더 적극적으로 드러내는 구절입니다. 둘이 다르지 않다는 것을 넘어서 아예 같다고 표현하고 있죠. 공이 즉 색이고 색이 곧 공이라 이겁니다. 다른 말로 하면 현상과 존재는 둘이 아니라는 거예요. 존재 위에서만 현상이 나타나고 그 현상을 공이 즉 색이고 색이 곧 공이라 이겁니다.
다른 말로 하면 현상과 존재는
둘이 아니라는 거예요. 존재 위에서만
현상이 나타나고 그 현상을 통해
존재가 실현된다는 뜻입니다.

통해 존재가 실현된다는 뜻입니다. 그리고 이렇게 말하지요.

수상행식受想行識
역부여시亦復如是

수, 상, 행, 식도 이와 같다, 즉 수상행식 각각이 공과 둘이
아니고 결국은 그것들이 곧 공이며, 공 또한 수상행식 각각의
것과 둘이 아니고 그들과 같다는 겁니다.

텃낙한 스님 아시죠? 그분이 쓰신《반야심경》이 공 개념
을 아주 명료하게 해석하고 있어요. 비어 있음이란 단순히 없
는 게 아니라 그 무엇도 홀로 있을 수 없음을 의미하는 거라
고 강조하지요. 하나로 연결되어 있다는 겁니다. 그러니 색을
볼 때도 물질로만이 아니라, 뭘 봐야 할까요? 예. 그 너머의,
때가 되어 나타난 존재까지 봐야 합니다.

모든 것은 나타났다 사라질 뿐

자, 이게 뭐예요? 화장지라고요? 아니죠. 화장지를 화장지로

090 깨달음으로 읽는 반야심경

보는 한 화장지가 아니에요. 이렇게 연필을 덮으면 덮개가 되고 안경을 닦으면 안경닦이도 됩니다. 우리는 나타난 그것을 다만 어떤 용도로 사용할 뿐이에요. 여러분 자신을 목사로, 주부로, 사장으로, 과장으로 사용하고 있는 거라고요. 그런데 그런 것들은 다 역할일 뿐이잖아요? 그러면 그 이전의 뭐가 있지 않을까요?

다시 화장지 보겠습니다. 아니, 화장지로 나타난 그것을 보겠어요.(웃음) 화장지로 쓰이기 전에는 뭐였을까요? 이 안에 뭐 있어요? 그렇죠. 나무를 키운 물이 있고 햇볕이 있고, 바람과 이슬도 있습니다. 그 나무를 벤 사람의 숨도 닿아 있을 거고요. 또 그가 아침에 먹은 음식들과 그 음식의 재료를 키워낸 사람들의 땀과 오줌도 들어 있겠죠. 이렇게 계속 추적하다보면 지구의 역사와 우리네 삶 전체가 연결되어 있지 않겠어요? 그렇습니다. 우주 만물은 이렇게 연결되어 있어요. 그 무엇도 홀로 떨어질 수 없다고요. 색, 수, 상, 행, 식, 모든 게 다 그렇습니다.

항풀 님, 이 자리에 나타나기 전에 어디 있었습니까?
—성남 사무실이요.

그 전에는요?

— 서울에서 살았습니다.

서울로 이사 오기 전에는요?

— 함평이요.

그러면 처음 함평에 나타난 게 언제죠?

— 1942년 4월 16일 오시입니다.

그러면 1942년 4월 10일에는 어디에 있었나요?

— 어머니 배 속에요.

열 달 전에는요?

— 아버지의 정자와 어머니의 난자로 있었겠죠.

그럼 그 전에는요? 정자와 난자는 어떻게 생길까요? 그래요. 어머니 아버지가 진지 드셔야 하죠. 물마시고 숨도 쉬고 햇볕 쬐고 땀 흘려 일한 다음 잠도 자야 해요. 그러니 향풀 님은 결국 어디서 온 거예요?

자, 질문 하나 다시 갈게요. 향풀 님이 67년을 사셨어요. 하루에 먹은 것을 3킬로그램 정도로 잡아도 지금까지 어마어마하게 많은 양을 드셨겠죠. 그런데 지금 몸무게가 몇입니까? 나머지는 다 어디로 갔을까요? 배설물로 나간 것이 가장 많겠죠. 그중에는 하수도를 거쳐 청계천과 종말처리장을 지나 한강으로 간 것도 있을 겁니다. 그러면 월아 님 아버지가 한강에서 낚시를 하다가 잡은 붕어가 향풀 님 배설물을 먹었을 수도 있겠지요? 또 월아 님 아버지가 시장에 내다 판 그 붕어를 향풀 님이 사서 끓여 먹을 수도 있지 않나요? 충분히 가능한 일이죠? 그래요. 조금만 넓게 보면 세상 만물은 다 나에게서 떠나 나에게로 돌아옵니다. 색과 공의 순환이에요. 보이지 않는 것이 때가 되어 나타남을 통해 색과 공이 연결된다고요. 이게 바로 색즉시공 공즉시색입니다.

중도와 중용과 십자가, 치우침 없는 통합의 도

당나라 때는 불교가 융성했지요. 그런 바탕이 있었기에 송나라의 유교가 크게 업그레이드된 겁니다. 송나라의 대표적인 사상가이자 성리학의 기초를 닦은 사람이 주렴계예요. 불교를 공부하면서 얻은 깨달음 위에서 다시 유교를 터득한 사람이지요. 그래서 무극이태극(無極而太極, 무극과 태극은 서로 같은 것)이라는 유명한 말이 나올 수 있었던 겁니다. 그전에만 해도 이런 개념이 없었어요.

기독교는 또 어때요? 그리스 로마 철학에 능통했던 바울이라는 사람이 없었다면 과연 기독교가 이만큼 발전할 수 있었을까요? 이처럼 서로 다른 영역의 것들이 만나 통합될 때 기하급수적으로 발전합니다. 스탠포드 대학에 경영학 석사 과정 밟으러 간 사람이 이런 말을 해요. 처음 학기에 개미에 대해 배웠는데 그땐 경영학 전공자가 왜 그걸 들어야 하는지 몰랐다고요. 그런데 나중에 알겠더래요.

며칠 전 창경궁 후원에 구경 갔다가 주합루를 보았어요. 동서남북 사방四方과 천지天地, 이렇게 여섯을 합했다 해서 주합이에요. 사방과 천지가 통하니 이게 뭡니까? 도통道通이지요. 사도바울이 발견한 예수, 즉 '십자가의 도'도 마찬가지입니다. 그는 역사적인 예수에게는 관심이 없었어요. 언제 어디서 누구의 아들로 태어났는가는 상관없이 오직 예수가 전하려고 한 핵심만 파고들었지요. 그렇게 해서 예수가 십자가에서 죽은 사건의 키워드는 비움과 나눔이라는 것을 발견합니다. 비움과 나눔의 정신이 만나 통합된 것을 십자가로 본 겁니다.

여러분, 기찻길 보면 줄이 두 개죠? 두 개의 선로가 늘 같이 갑니다. 정신과 물질, 육체와 영혼, 현상과 존재. 이 모든 것이 그래요. 같이 가는 겁니다. 그러니 어느 하나도 무시해선 안 돼요. 어느 하나에만 빠져서는 안 됩니다. 이게 곧 불교에서 말하는 중도요, 유교로 보면 중용이고, 기독교에서 말하는 십자가예요.

우리 다 그 길 가려고 이 세상에 온 겁니다. 존재가 이곳에 나타났으니 색을 알고 가야 한다고요. 나는 공에 근거하여 색을 통해 나 되어가는 존재니까요. 바로 그 둘의 통합 속에서만 삶이 꽃피고 흐를 수 있는 겁니다. 이제 색즉시공 공즉시색의 의미가 분명하게 와 닿지요?

재미있는 얘기 하나 할게요. 오래전 일이에요. 지금과 달리 여름이면 파리가 득실거렸어요. 한번은 초등학생 아이들 데리고 시골 체험하는 프로그램을 했는데, 한 아이가 5박 6일 동안 파리만 잡아요. 그게 그렇게 하고 싶다는 겁니다.(웃음) 그 아이가 파리채로 열심히 잡아서 책상 위에 죽은 파리들을 올려놓고 안 치웠지요. 몇 달이 지나고 보니 누구 하나 건드린 적이 없는데 절로 날개가 떨어져요. 또 다리가 부러집니다. 시간이 더 흐르자 아예 몸이 부서지기 시작해요. 그렇게 1년이 지나고 보니 마침내 가루만 남았습니다. 자, 파리 어디 정신과 물질, 육체와 영혼, 현상과 존재.
이 모든 것이 그래요. 같이 가는 겁니다.
그러니 어느 하나도 무시해선 안 돼요.
어느 하나에만 빠져서는 안 됩니다.
이게 곧 불교에서 말하는 중도요,
유교로 보면 중용이고,
기독교에서 말하는 십자가예요.

로 갔을까요? 없어졌어요? 아니죠. 사라진 겁니다. 산화되어 대기 중에 섞이고, 일부는 바람 타고 날아가 어느 밭에 거름으로 떨어지기도 했을 거예요. 거기서 자라난 야채나 과일을 우리가 먹기도 했을 거고요.

여러분, 이런 건 해봐야 압니다. 그러니 한번 해보세요. 장미꽃 한 송이 놓고 15분만 가만히 바라봐도 운명이 바뀐다고 해요. 뭐든 가만히 바라보고 있으면 물음이 생기죠. 이게 어디에서 왔지? 이게 과연 꽃일까? 사람이 붙인 이름이 꽃이라면 이것의 실상은 무엇이지?

여러분도 물음을 가지세요. 그리고 연습하는 겁니다. 색즉시공 공즉시색. 이 하나를 잡고 경험의 깊이를 더해가시라고요. 그게 바로 자재보살의 눈이고, 보시니 참 좋았다고 하신 하나님의 눈입니다.

자재보살의 눈으로 쓴 동화

그런 눈으로 세상을 보고 글을 쓰신 작가가 있습니다. 권정생 선생님이에요. 미국이 이라크를 침공하면 몸이 아파 진지도 못 드신 분이었어요. 누가 나무를 베면 당신 몸이 베인 듯 고통을 느끼는 분이었고요. 성령하고 통하는 몸이어서 그런 겁니다. 온 생명을 아끼고 사랑하는 분이셨죠. 쥐가 방에 들어오면 밥 주면서 함께 살 정도였습니다. 그분이 쓰신 작품 중에 한국 최고의 동화로 꼽히는 게 있어요. 그 유명한 《강아지똥》입니다. 비 오는 날 가만히 밖을 내다보다가 눈에 띈 강아지똥과 그 옆에서 자라는 민들레꽃을 보고 쓰신 거래요.

주인공은 돌이네 흰둥이가 싼 '강아지똥'이예요. 참새도 더럽다고 피해버리는 그런 똥이죠. 그나마 산비탈 밭에서 옮겨지다 달구지에서 떨어져 말동무하던 흙덩이마저 떠나버리자, 강아지똥은 혼자 남게 되지요. "더러운 똥"이고 "아무짝에도 쓸 수 없"는 강아지똥. 참 쓸쓸하고 외롭네요. 계절이 바뀌어 봄이 됩니다. 그런데 강아지똥 앞에 민들레 싹이 돋아났어요. 예쁜 민들레를 부러워하는 강아지똥에게 민들레가 말하지요. 예쁜 꽃을 피우려면 꼭 필요한 게 있다고. 거름이 돼달라고. 강아지똥이 이 말을 듣고 얼마나 기뻤을까요? 책의 마지막 일부를 한번 같이 읽어보지요.

"비는 사흘 동안 내렸어요. 강아지똥은 온몸이 비에 맞아 자디잘게 부서졌어요. 부서진 채 땅속으로 스며들어가 민들레 뿌리로 모여들었어요. 줄기를 타고 올라가 꽃봉오리를 맺었어요.

봄이 한창인 어느 날, 민들레 싹은 한 송이 아름다운 꽃을 피웠어요. 향긋한 꽃 냄새가 바람을 타고 퍼져나갔어요."

존재와 나타남 사이엔 디자이어가 있다

어때요? 색즉시공 공즉시색의 세계를 보여주는 아주 감동적인 이야기죠? 이렇게 아름다운 이야기를 만들어내는 지구별에 온 우리 모두는 얼마나 복된 존재입니까?

여러분, 육체와 영혼, 물질과 정신, 현상과 존재, 색과 공은 떨어져 있지 않습니다. 그러니 공을 만나고 싶으면 색을 깊이 탐구해야 해요. 색을 더 깊이 알고 싶으면 공의 세계로 가봐야 하고요. 어느 하나를 분리시키거나 떼어내면 안 됩니다. 아니, 그럴 수 없어요. 하나 속에 다른 하나가 있으니까요.

디자이어desire란게 있지요. 디자이어란 우리 각자가 지구에 올 때 갖고 온 꿈입니다. 그 디자이어의 실현을 통해 우리는 존재에 더 가까이 가고, 또한 존재에 귀 기울일수록 디자이어를 발견하고 실현할 가능성이 커지지요. 그래서 저는 종종 이렇게 말해요. 나는 없고 디자이어만 있음을 아는 게 깨달음이라고. 왜요? 디자이어는 지금 여기에서만 관계할 수 있으니까요.

디자이어를 찾고 그것을 실현하는 과정을 통해 생과 공의 통합으로 나아가는 이들이야말로 어쩌면 이 시대의 사리자, 사리붓다가 아닐까 싶습니다. 여러분 모두가 사리붓다예요. 다른 누가 아닌 여러분들이 예토穢土에서 정토淨土로, 생각의 세계에서 사실의 세계로, 또 3차원에서 4차원으로 여행하는 사리붓다들이라고요. 그러니 더 힘을 내서 가십시오. 우리가 할 일은 그것뿐입니다.

오늘은 여기까지 합니다.

고정된 것이 없으니 무한 가능 하여라

비어 있음이란

고정돼 있지 않다는 것

소유함 없이 집착 없이

자유자재하게 관계할 수 있다는 것

모든 게 가능한 이 놀라운 은총에

어찌 감사하지 않을 수 있으랴

남대문을 보지 않은 사람에게 남대문을 설명하는 것이 쉬울까요, 어려울까요? 그렇게 쉽지는 않을 겁니다. 예를 들어 적도 부근에서 평생 산 사람한테 눈(雪)에 대해 얘기한다고 가정해보세요. 어떻게 묘사하겠습니까? 종이에 눈 결정체를 그려가면서 이게 눈이라고 설명해줄 순 있겠죠. 하지만 그건 한계가 있습니다. 이처럼 우리가 어떤 하나의 대상을 놓고 얘기해도 그걸 직접 보고 느낀 사람과 그렇지 못한 사람의 차이는 큽니다. 그러니 사실을 경험한 사람과 그저 자기 생각 속에 있는 사람의 차이는 얼마나 엄청나겠습니까?

여러분은 생각 세계에서 사실 세계로 넘어가는 바라밀다를 공부하는 사람들입니다. 그 경험은, 오직 해본 사람만 알아요. 말로는 설명할 수 없는 세계니까요. 직접 가서 보고 듣고 경험하지 않는 한 모르는 세계니까요.

경험한 만큼, 의식 수준만큼 만나는 세계

모든 종교의 핵심은 바라밀다에 있어요. 바라밀다가 뭐라고요? 큰 지혜에 가 닿기까지 지속적으로 이끌어주는 방편입니다. 그러니 종교엔 바라밀다가 없을 수 없어요. 경전이 있고의식이 있습니다. 지켜야 할 계율도 있고요. 그런데 바라밀다는 대개 상징으로 점철돼 있다고 봐야 합니다. 그래서 문자그대로 읽는 게 위험한 거죠.

예를 들어 예수의 부활 승천을 말 그대로 죽었던 육체가살아나 공중에 들려 하늘로 날아갔다고 이해하는 사람이 있어요. 그런데 태양 빛이 여기까지 오는데 얼마나 걸리는지 아십니까? 8분 30초 걸린대요. 그 빛의 속도로 1년 가는 거리를 1광년이라고 하고요. 그러니까 만약 예수님이 하늘을 가로질러 빛의 속도보다 두 배 빨리 간다고 쳐도 아직까지 은하계를 돌파 중이라는 결론이 나와요.(웃음)

영생永生도 그렇지요. 대부분의 기독교인들이 영생을 어디 가서 영원히 사는 것으로 이해합니다. 이터널eternal인데 에버래스팅everlasting으로 받아들여요. 예수가 얘기한 영생이란 '의식의 연금술'을 거친 자들이 누릴 수 있는 4차원의 초월적인 삶, 탄생도 죽음도 없는 세계로의 진입을 의미하는 건데, 그걸 어디 가서 천년만년 사는 낮은 수준으로 이해하고 있다고요.

여러분, 예수가 정말 물 위를 걸었을까요? 그럼 못 걷는 사람들은 얼마나 열등감을 느끼겠어요?(웃음) 아니, 배 타고 가면 될 것을 왜 물 위를 걸었을까요? 언젠가 지리산에서 20년 도 닦고 속세에 내려와 눈으로 바람을 일으켜 촛불 끄는 사람을 본 적이 있어요. 또 누구는 우산 하나 들고 몇 십 미터 높이에서 뛰어내릴 수 있다고도 합니다. 그런데 그 얘기를 듣고 있던 한 사람이 이렇게 말하지요. 눈은 촛불 끄라고 있는 게 아니여. 보라고 있는 거지.(웃음)

예수가 물 위를 걸으셨다는 구절을 액면 그대로 받아들인다는 건 그 사람이 그렇게밖에 읽을 수 없는 의식을 가졌다는 의미예요. 그들의 특징이 뭔지 압니까? 성경은 한 글자, 한 획도 바꿀 수 없다고 주장한다는 거예요. 왜요? 자기 생각과 신념에서 벗어날 수가 없으니까요. 느티나무를 느티나무 이상으로 볼 수가 없는 겁니다.

큰 지혜는 자기의 몸으로, 가슴으로 알아가야 합니다. 그렇지 않으면 남의 생각을 자기 것인 양 착각하게 돼요. 요즘 사람들의 특징이 바로 이거잖아요. 요즘 청소년들은 우리 때와는 비교할 수조차 없을 정도로 그들 머릿속에는 너무 많은 게 들어 있습니다. 옛날로 치면 다들 천재 수준이에요. 그런데 사색을 안 해요. 관조와 회의를 안 합니다. 그러니 남의 생각, 남이 준 정보 속에서 허우적대는 꼴이죠. 내가 아는 것, 안다는 생각을 넘어서질 못하는 겁니다. 크리슈나무르티J. Krishnamurti가 말한 '아는 것으로부터의 자유'를 경험하지 못하는 거죠.

아무리 훌륭한 지식, 정보라 할지라도 내가 직접 생각하고 경험하지 않고서는 깊어질 수가 없습니다. 신학대 다닐 때 일이에요. 어느 날 구약을 가르치는 교수가 이렇게 물어요. 장길섭 씨는 성경 공부하러 신학대 왔습니까? 그렇다고 하니까 성경 공부가 목적이면 CCC(한국대학생선교회) 같은 데 가입하든가 성경학교를 가야지 신학대엔 왜 왔느냐고 다시 묻는 거예요. 아, 그때 정신이 번쩍 듭디다. 개념 파악이 되기 시작한 거죠. 그래서 이번엔 제가 물었습니다. 그럼 신학이란 무엇입니까? 그때 돌아온 대답이 '신학은 인간학'이라는 거였어요. 그러더니 그분이 그때까지 아무도 내게 하지 않은 질문을 던집니다. 장길섭 씨, 신이 사람을 만들었을까요, 아니면 사람이 신을 만들었을까요? 당시로서는 매우 충격적인 질문이었죠. 그런데 곰곰 생각해보니 그때껏 하나님이 세상을 창조했다는 성경 구절을 한 번도 의심하지 않고 그대로 믿고 있더라는 겁니다. 왜요? 그걸 의심하면 지옥의 땔감이 된다고 생각했으니까요.(웃음)

그렇게 저차원의 의식으로 살던 사람이 하나의 물음 앞에서 비로소 기존에 입력된 생각과 믿음을 내려놓고 진짜 '나의 신'을 탐구하기 시작하지요. 그러면서 알게 됩니다. 자기의 의식 수준만큼 하나님을 알고 만날 수 있다는 것을요.

어떤 사람은 불교에 대한 뜨거운 신심으로 온갖 불교 경전을 다 모았답니다. 깨달은 사람이 나타나면 주려고요. 마침내 그 사람이 성철 스님한테 찾아가 묻습니다. "스님, 스님은 깨달은 분입니까?" 그때 성철 스님이 한 대답이 기가 막혀요. "자네가 깨달은 사람이라야 내가 깨달았는지 못 깨달았는지 알지, 내가 그걸 어떻게 알아?" 이랬다는 겁니다.(웃음)

그래요. 자기 자신이 깨닫지 않고서는 깨달은 사람을 알아볼 수 없어요. 사장님을 만나려면 그 위치에 올라야 하고, 선생님을 이해하려면 그 의식에 도달해야 해요. 스스로를 십자가에 못 박지 않고서는 십자가의 도를 알 수 없고, 스스로 부활하지 않는 한 죽었다 깨어나도 예수의 부활이 갖는 의미를 알 수가 없다고요. 반야심경의 핵심인 공도 그렇습니다. 체험하지 않는 한 몰라요. 세상에 내가 누구인지 나 아닌 다른 사람이 가르칠 수 있습니까? 십자가, 공, 부활, 이런 건 전부 나를 아는 거예요. 그러니 내가 나 되지 않으면 알 수 없습니다.

과학으로 증명되는 색즉시공 공즉시색

자, 지난 시간에 색즉시공 공즉시색에 대해 집중적으로 강의했습니다.

색이 뭐라고요? 물질이죠. 그러면 물질이, 아니 물질의 근원이 뭘까요? 이는 아주 오래전부터 철학자와 과학자들이 궁구해온 주제였어요. 학교 다닐 때 배운 거 기억나시죠? 누

구는 물이라고 하고, 또 누구는 불이라고 하고. 그러다 아리
스토텔레스Aristoteles 때 와서 4원소가 제시됩니다. 지수화풍地
水火風, 즉 흙, 물, 불, 공기가 물질을 이루는 4개의 근본요소라
는 거지요. 그 후 1660년 즈음 화학자이자 자연철학자인 보일
Boyle에 의해 원소론이 정립돼요. 물질을 계속해서 분해해나
가면 더 이상 다른 물질로 분해되지 않는 근원적인 요소가 나
오는데 그것을 원소라 정의한 겁니다. 18세기 프랑스의 화학
자 라부아지에Lavoisier는 이 같은 보일의 원소 개념을 증명하
여 33가지 원소를 발표했고요. 그러다 19세기에는 러시아의
멘델레예프Mendeleyev가 원소주기율표를 만들지요.

이렇게 만물의 근원을 계속 파고 들어가고 들어가서 마
침내 논쟁이 붙은 게 빛 에너지가 입자냐, 파동이냐는 겁니
다. 고전물리학에서는 이 두 가지가 완전히 분리돼 있었지요.
하지만 양자역학이 현대물리학의 지평을 열면서 빛을 포함
해 어떤 물체가 입자인지 파동인지를 묻는 것은 잘못이라는
결론이 납니다. 이분법이 성립되지 않는다는 거예요. 다시 말
하면 빛이나 전자는 입자이면서 동시에 파동이라는 것, 이 두
세계는 서로 융융되어 있기에 둘 중 하나의 개념만 고집하는
한 물체의 전 존재는 결코 드러나지 않는다는 겁니다.

물질을 고정된 것으로 보던 고전물리학이 결정적으로 파국을 맞이한 것은 1900년대 들어 양자역학과 상대성이론, 불확정성원리 등에 의해 보는 위치와 입장에 따라 물질이 변화한다는 것을 알게 되면서부터지요. 한마디로 정리하면 파동과 입자의 통합체인 물질은 변한다는 거예요. 어때요? 색즉시공 공즉시색과 자연스럽게 연결됩니까?

이런 과학적 발견은 어마어마한 영적 진화와 맞물립니다. 감각으로 인식할 수 없는 공의 세계와, 그에 근거해 나타났다 사라지는 현상계인 색의 세계가 따로 분리되지 않음을 과학적 언어로 표현하고 있으니까요. 더군다나 이로 인해 결정론과 숙명론은 발붙일 데를 잃었습니다. 그렇잖아요? 물질도 변화하는데 하물며 사람이 고정된 존재이겠습니까?

사람의 의식은 끊임없이 성장하고 진화합니다. 그래서 예수는 모두 다 하나님의 아들이라고 했어요. 공자 또한 모든 이가 군자가 되고 성인이 될 수 있다고 했습니다. 우주 질서가 그렇게 돼 있다는 거예요. 그러니 나는 가난해서 망했어, 못 배워서 인생 글렀어, 내 운명은 어쩔 수 없어, 이런 불평불만이 얼마나 가당치 않은 생각입니까? 숙명론과 결정론은 우주 질서에 위배되는 거예요. 불교에서도 일체유심조一切唯心造

를 말하잖아요. 모든 것은 마음먹기에, 생각하기에 달려 있다는 겁니다.

《천국과 지옥》을 쓴 에마누엘 스베덴보리Emanuel Swedenborg는 이렇게 말했어요. 착하게 살겠다고 마음먹는 순간 천국에서 천사가 도와줄 준비를 한다고요. 반면 나쁜 마음을 먹으면 그 즉시 지옥의 마귀가 응답을 한답니다. 그래요. 이 우주는 내가 어떤 삶을 살 거라고 마음먹는 그 순간부터 응답을 합니다. 그래서 생각을 바꾸는 게 운명을 바꾸는 것이라 강조하는 거예요. 구원받을 수 없다고 생각하면 평생 구원 못 받아요. 반면 이 무한한 변화와 가능성의 세계에선 누구든 깨어날 수 있고 구원받을 수 있습니다. 정말 멋지고 감격스런 진리 아닙니까?

색, 수, 상, 행, 식은 나에게 달려 있다

지구 역사를 48억 년으로 보죠. 사람들이 언젠가부터 이 우주가 어디서 비롯되었을까 궁금해하기 시작했어요. 결국 찾아낸 게 소립자에서 왔다, 아니 그보다 더 작은 데서 왔다는 겁

이 무한한 변화와 가능성의 세계에선
누구든 깨어날 수 있고 구원받을 수 있습니다.
정말 멋지고 감격스런 진리 아닙니까?

니다. 아주 먼 옛날 어느 시기에 10^{-34}센티미터보다 작은 그 무엇이 폭발해서 우주가 생겼다는 걸 정설로 받아들여요. 이른바 빅뱅이론입니다. 10^{-34}센티미터면 사실상 무에 가깝죠. 그러나 없는 건 아닙니다. 정확하게 말하면 비어 있는 거예요. 다시 말해 비어 있음이 폭발해서 태양과 달, 지구, 온갖 행성들, 그리고 나와 네가 창조되었다는 겁니다. 이런 이론에 근거해 어떤 사람은 무아無我가 아닌 공아空我라 했어요. 그러고 보니 그게 맞는 것 같지요?

이 '비어 있음'을 불교에서는 '진공'이라 해요. 크기는 제로인데 온도나 밀도는 무한대예요. 참 말이 안 되는 것 같죠?(웃음) 크기는 영인데 온도와 밀도는 무한대인 데서 대폭발이 시작됐으니, 무에서 유가 나온 게 아니라 공에서 유가 나온 겁니다 이때의 공은 비울 수 없는 비움이고 비움으로써 채워지는 것이에요.

붓다는 반야심경을 통해 오온이 공이라고 했습니다. 색, 수, 상, 행, 식이 전부 다요. 색은 물질이고 수는 그 외부 물질 세계를 받아들이는 감각입니다. 또 상은 이미지image, 형상이고요. 그 상이 뇌에 입력돼 그에 관해 갖게 되는 체계적, 논리적 지식이 행이에요. 그리고 식은 그에 대한 인식입니다. 이 수, 상, 행, 식이 공이라는 건 정해진 게 없다는 겁니다. 예를 들어 밤에 마당에서 뱀을 보고 놀라 기겁을 하고 들어왔어요. 그런데 아침에 나가보니 뱀이 아니라 밧줄입니다. 색, 즉 물질은 뱀이 아닌 밧줄인데 그걸 받아들이는 수가 뱀으로 착각을 했죠. 그로 인해 상, 행, 식이 연달아 작동합니다. 색과 아무 상관없이 수상행식이 일어난 거예요.

이번엔 돈을 예로 들어볼까요? 돈은 색, 물질입니다. 그런데 그에 대한 수, 상, 행, 식이 어때요? 너무나 갈망해 탐욕에 빠질 수도 있고, 반면 혐오해서 기피할 수도 있지요. 그런데 이런 것들이 과연 돈 그 자체와 상관이 있을까요? 없지요. 결단코 없습니다. 다시 말하면 수상행식은 나에게 달려 있다는 거예요. 가방이라 알고 있던 것이 사실은 가방이라 이름 붙인 그것임을 우리는 알았잖아요. 그것을 시절인연에 따라 가방으로, 혹은 베개나 그밖에 다른 것으로 빌려 쓸 수 있다는 겁니다. 그래서 색은 소유가 아닌 관계의 대상일 뿐이지요. 이 세상에 나타난 이유가 바로 그 관계하기 위함입니다.

현대의 뇌과학이 이를 아주 분명히 밝혀주고 있지요. 뇌는 1조 개의 세포로 이루어져 있답니다. 그중 뉴런이라 불리는 신경세포가 약 1천억 개라 해요. 뉴런과 뉴런의 간격은 1밀

리미터의 20만분의 1 정도로 아주 조밀하고요. 그 뉴런들을 연결하는 부위를 시냅스라 하는데 바로 거기서 전기 화학 반응이 일어납니다. 그에 따라 수많은 정보들이 전달되고 호르몬들이 생성되어 우리가 생각하고 느끼는 게 가능한 거예요. 그러니까 다시 말하면 뇌에서 일어나는 전기 화학 반응, 그 작용 자체가 수상행식이라 이겁니다.

재미있는 것은 외부의 흥분을 받아들이는 통로, 즉 수상돌기는 여럿인데, 그걸 전달하는 축색돌기는 하나라는 점입니다. 게다가 속도가 엄청나요. 시속 400킬로미터라 합니다. 그래서 뉴런과 뉴런 사이에 압력차가 생겨요. 압력을 받지 않는 한 변화는 일어나지 않는다, 그렇죠? 뉴런과 뉴런 간의 압력이 클수록, 다시 말해 전압 차이가 클수록 정보 전달이 빨라져요. 거기서 뭔가 번쩍 하는 깨달음이 오는 거죠.

여러분, 고통을 느끼고 스트레스를 받아야 그만큼 얻는 성과가 큽니다. 그래서 십자가 다음이 부활이고, 번뇌로 가득 차야 보리, 즉 깨달음이 온다고 예수와 붓다가 말씀하신 거예요. 번뇌와 고통과 압박을 경험하지 못한 사람은 싸구려로 전락해요. 뭘 느껴도 깊이가 없고 뭘 해도 수준이 낮습니다. 뇌에서 일어나는 전기 화학 작용이 원활하지가 않은 거죠. 그러니까 어떻게 해요? 술 마십니다. 게임하고 도박합니다. 외부의 자극을 동원해 작동시켜야 감각이 살아나고 느낌이 통하니까 그에 집착하는 겁니다. 그렇게 해서 중독으로 가는 거지요. 반면 깨어난 사람은 행복을, 자유를 자기 안에서 선택하고 만들어요. 뇌를 스스로 조절한다고요.

가질 수 없어 모든 게 가능한 삶

모든 게 뇌에서 일어나는 전기 화학 반응이고 그의 작용이라는 것을 아는 게 중요한 이유가 있습니다. 스스로 훈련하면 된다는 가능성이 열리기 때문이지요. 그동안은 몰라서 과거의 습관과 사고방식대로 움직이며 기계인간으로 살았지만, 이제는 스스로 바꿀 수 있다는 걸 아니까 훈련이 가능하다는 겁니다. 생각을 바꾸고 느낌을 바꾸고 작은 습관을 바꾸고, 그렇게 뇌의 회로를 바꾸는 훈련을 하다보면 마침내 운명이 바뀐다고요. 이게 바로 수상행식受想行識 역부여시亦復如是의 핵심입니다.

　결론은 물질인 색의 본성이 변화이듯이 수상행식 또한

생각을 바꾸고 느낌을 바꾸고
작은 습관을 바꾸고, 그렇게 뇌의 회로를
바꾸는 훈련을 하다보면 마침내
운명이 바뀐다고요. 이게 바로
수상행식受想行識 역부여시亦復如是의
핵심입니다.

마찬가지라 이겁니다. 색도 공이고 수상행식도 공이라는 거지요. 그러니 어떻게 살면 돼요? 그냥 살면 됩니다.(웃음)

집착 없이 순간순간을 느끼며 지금을 살라는 거예요. 그런데 대부분의 사람은 색에 집착하거나 혹은 색에 집착을 안 하려고 하지요. 색에 집착하면 물질이 전부인 줄 알고 거기에만 빠집니다. 반면 색에 집착하지 않으려고 산에 들어가 도 닦는 사람들은 물질세계를 무시하는 경향이 있어요. 그래서 그 세계를 경험하지 못하고 거기서 얻을 수 있는 신비와 은총을 못 누리지요. 그러니 어떻게 하자는 거예요? 어느 하나에 치우치지 말라는 겁니다. 중도, 중용, 십자가의 길이 다 그 뜻이라고 그랬어요. 이상과 현실, 정신과 물질, 육체와 영혼, 이와 기, 존재와 되어감이 균형을 이루는 삶을 살라는 거예요.

다 공이니까 이게 가능합니다. 색, 수, 상, 행, 식, 무엇 하나 가질 수 없게 되어 있어요. 물질도, 생각과 느낌도, 앎도, 행동도 다 고정된 내 것이 아니라고요. 그러니 거기에 집착할 필요가 없겠지요? 우리는 그저 때가 되어 나타나는 것들과 잘 만나고 관계하면 되는 거예요. 우리가 할 수 있는 건 그것밖에 없습니다.

공, 존재에 뿌리를 박고 나타나는 모든 것들과 관계하는

삶. 얼마나 풍성합니까? 얼마나 신비롭고 은혜로워요? 그러
니 기쁘게 사세요. 감사하며 사십시오. 이런 내가 좋다, 하면
서 사시라고요. 그것이 도道고 마하반야입니다.

오늘은 여기까지 하겠습니다.

우리는
백팔번뇌를
경험하러
이곳에 왔다

색色 속에서 번뇌를 만나고

그 번뇌를 통해

삶의 신비에 눈 뜨고

그것이 또한 공空임을 알아

집착을 떨쳐내니

지구별에 온 것이

참으로 행복하구나

제게 성경의 세계를 새로 열어준 이병렬 교수님이 하루는 이런 말씀을 하시는 거예요. 충청도 홍성에 있는 풀무학교에 가면 사람을 만날 수 있다고. 풀무학교는 우리나라 대안교육의 효시라고 할 수 있는 곳인데, 그땐 그 학교를 몰라서 무슨 말인가 싶어 물었죠. 어떤 사람이요? 그랬더니 진짜 사람을 만날 수 있다는 겁니다. 그 말에 얼마나 궁금했겠어요?

알고 보니 풀무학교가 당시 내건 슬로건이 '위대한 평민'이었습니다. 그걸 알고 야, 대단한 곳이구나 감탄했지요. 그런데 정말 대단한 건 슬로건뿐만 아니라 학교 선생님과 아이들이었습니다. 그때만 해도 풀무학교에서는 수업 시작하기 전에 선생님만 학생들에게 경례를 했어요. 일반 학교와는 완전히 거꾸로죠? 또 매점과 문구점은 물건을 팔고 관리하는 사람이 따로 없이 학생들이 필요한 만큼 가져가고 알아서 돈을 두는 무인판매 방식으로 운영되었죠. 그런데 하루는 돈이 안 맞는 사고가 생깁니다. 그러자 가장 먼저 교장선생님이 나서서 내가 잘못 가르쳐서 그렇다며 스스로 벌을 섭니다. 그다음엔 교사들이 저희 잘못이라며 벌을 서기 시작하고요. 마지막으로 누가 나섰겠어요? 그래요. 학생들이 전부 몰려나와 자기들이 잘못했다고 용서해주기를 빌며 벌을 섰다고 해요.

신학교 다닐 때 이 얘기에 듣고 엄청 감동해 제 나름대로 꿈을 하나 갖게 됩니다. 도시 아이들을 시골에 데려가 생태 공동체 생활을 체험하게 하는 주말학교를 열겠다고 마음먹은 거지요. 그 힘으로 오래도록 주말학교를 진행하면서 점점 꿈을 키웠습니다. 그래서 청소년 프로그램도 만들고, 방학이면 아이들과 청소년들을 모아 수련 프로그램도 진행했지요. 그리고 결국은 레드스쿨(RED School, Revolution Enthusiasm Desire의 약자로, 저자 장길섭이 충남 금산에 세운 대안학교)이라는 이름으로 학교까지 만든 겁니다. 그렇게 세운 레드스쿨을 졸업한 아이들이 벌써 대학도 가고, 외국 유학도 가고, 사회로도 진출하고 있습니다. 하나하나 꿈을 이루며 준비해온 과정이 없었다면 불가능했을 일이죠.

꿈을 이루려면? 일단 해본다!

사람은 그가 꾸는 꿈입니다. 꿈은 꿈틀거려서 꿈이라지요. 꿈이 없고 비전이 없는 사람은 꿈틀거리지 못해요. 꿈틀거림은 살아 있다는 증거죠. 그러니 꿈틀거리지 못하는 사람은 살아 있되 사는 게 아닙니다.

　우리가 이 땅에 와서 꿔야 할 꿈은 크게 보면 두 가지예요. 하나는 이루어질 꿈, 다른 하나는 이루지 못할 꿈. 매번 이루어질 것만 꿈꾸면 재미없잖아요? 비록 내 세대에서는 못 이룰 지언정 다음 세대를 위해, 후세를 위해 꿈을 꿀 줄도 알아야 한다는 겁니다. 꿈을 꾸면 그게 언젠가는, 누구를 통해서든 이루어지거든요. 그러니 못 이룰 꿈 붙들고 열정을 불사르는 것도 어찌 보면 참 멋진 인생이 아닌가 싶습니다. 그렇다고 거기에만 치중해서는 곤란하죠. 이 둘 사이에서도 균형을 잡는 게 필요해요. 실현가능한 꿈을 품고, 그것을 위해 노력하는 태도 또한 중요하다는 겁니다. 그런데 어떻게 해야 꿈을 이룰 수 있느냐고요?

한 가지 예를 들어 설명하죠. 예전에 제가 교회 문을 닫고 강의를 안 하기 시작하니까 공부를 멀리하게 됩디다. 독서 중독(?)이어서 책은 꾸준히 읽어요. 그런데 그냥 읽고 맙니다. 그러면 어때요? 축적이 안 되고 흘러나가지요. 빠져나가는 거예요. 다시 말하면 강의를 하던 책을 쓰든 내 몸을 움직여 뭔가 해야 독서를 통해 얻은 지식과 정보가 축적된다 이겁니다.

자, 우리가 뭔가 받아들일 때 가장 먼저 작동하는 건 감각의 뇌입니다. 눈으로 보고 귀로 듣고 손으로 느낀 것을 뇌로 하여금 지각하게 하는 것이 바로 감각중추예요. 그런데 감각중추에서 받아들인 정보는 근육의 움직임을 주재하는 운동중추까지 가지 않는 한 쉽게 소멸하고 맙니다. 감각중추와 운동중추 사이의 교류와 소통이 부지런히 이루어져서 마침내 습관화되어야 정보든 지식이든 축적이 된다는 얘기지요. 문제는 감각중추와 운동중추 사이가 생각보다 꽤 멀다는 거예요. 그래서 우리가 뭔가 자극을 받고 마음을 먹어도 행동으로 쉽게 전환되지 않는 겁니다. 머리로는 이해되는데 가슴이 안 뜨거워진다는 사람 있죠? 또 공감은 하겠는데 몸이 안 따른다고 하는 사람도 있습니다. 감각중추에서 운동중추 사이가 남보다 더 멀기 때문에 생기는 현상이에요.

그런데 그 거리를 좁히는 방법이 있지요. 밖으로 나온 뇌를 움직이는 훈련을 하는 겁니다. 밖으로 나온 뇌가 뭐예요? 손과 발이에요. 그러니까 가슴 뛰는 삶을 살려면 어떻게 해야 할까요? 그래요. 일단 '해'봐야 해요. 움직이고 달려야 한다고요. 꿈도 단지 안에 품고 있는 것만으로는 싹이 트지 않습니다. 꿈틀거려야 발아해서 커나가지요.

전체와 관계하는 것이 성장의 지름길

어떤 사람은 실패할 것이 두려워 아예 꿈조차 안 꿉니다. 하지만 반야심경의 핵심이 뭐예요? 공, 비어 있음으로 충만한 겁니다. 그래요. 비어 있어요. 그러니 뭘 해도 괜찮은 거 아니겠습니까? 공에 근거해서 보면 실패도 성공도 없는 겁니다. 내가 그 순간 무엇과 어떻게 관계하느냐, 오직 그것뿐이지요. 그러니 내게 오는 모든 것을 마다하지 않고 관계하는 것이 지금을 사는 길입니다. 그래야 삶이 풍부해져요.

그런데 자기가 원하는 것만 취하려는 사람, 싫은 건 기피

밖으로 나온 뇌를 움직이는 훈련을 하는 겁니다.

밖으로 나온 뇌가 뭐예요? 손과 발이에요.

그러니까 가슴 뛰는 삶을 살려면

어떻게 해야 할까요?

그래요. 일단 '해'봐야 해요.

하고 외면하는 사람 많지요. 그런 태도는 마치 거미가 줄 쳐 놓고 파리와 잠자리만 걸리기를 원하는 것과 같아요. 하지만 거미줄에 파리와 잠자리만 걸리라는 법 있습니까? 없지요. 오히려 기다리는 파리와 잠자리 대신 온갖 먼지와 나뭇잎과 솔잎만 잔뜩 걸리기가 쉽습니다. 그렇다고 그거 원망하고 불평하는 거미는 없어요. 다시 말하면 원하는 것만 취하고 그렇지 않은 것은 피하려만 드는 사람, 기대에 못 미친다고 불평불만만 일삼는 사람은 거미보다도 못하다 이겁니다.

어느 날 한 제자가 스승에게 묻습니다. 저쪽 동네 선생님은 세상의 모든 유혹에서 벗어났답니다. 우리는 언제 그런 경지에 이를 수 있습니까? 그러자 이번에는 스승이 물어요. 네가 원하는 것이 유혹을 벗어난 삶이냐? 그게 마귀가 제일 좋아하는 건데도? 그 스승 말인즉슨, 마귀가 제일 싫어하는 게 인간의 성장인데 더 이상의 시험과 유혹이 없는 이에겐 성장의 가능성도 없다는 겁니다. 어때요? 말 되죠? 그러니 이제 우리 어떻게 살아야겠어요? 그래요. 익숙한 것, 원하는 것에만 매여 있지 말고 새로운 것을 향해 나아가야 합니다. 파리와 잠자리만 기다리지 말고 내 줄에 걸리는 모든 것과 관계하라고요. 그것이야말로 자기 스스로를 시험하는 것이고, 그때 진정한 성장이 일어나니까요.

없어서 없이 할 수 없는

자, 그럼 이제 반야심경 구절 나가볼까요? 지난 시간에 색뿐 아니라 수상행식도 공이고, 공이 곧 수상행식임을 보았습니다. 그다음은 이렇게 이어집니다.

사리자舍利子

시제법공상是諸法空相

불생불멸不生不滅

불구부정不垢不淨

부증불감不增不減

시고공중무색是故空中無色

무수상행식無受想行識

"사리자여! 법도 다 공하나니 나고 멸함이 없으며 더러운 것도 깨끗한 것도 없고 늘고 주는 것도 없다. 그러므로 공 가

운데는 색이 없으며 수상행식도 없느니라." 이렇게 해석할 수
있지요.

육체로 살면 태어났다 죽는 겁니다. 하지만 영으로 살면
이곳에 왔다 가는 거지요. 예수와 붓다 모두 왔다 가신 분들
이에요. 우리 모두는 없음에서 외서 없음으로 돌아가는 존재
입니다. 태어났다 죽는 게 아니라고요. 탄생과 죽음을 겪는
이 육체는 내가 아니라 육체일 뿐이에요. 그 너머엔 불생불멸
不生不滅의 차원이 다른 세계가 있습니다.

그 세계엔 불구부정不垢不淨, 즉 더러운 것도 깨끗한 것도
없고, 부증불감不增不減, 늘어남과 줄어듦도 없어요. 여러분,
'뱀은 징그러운 것입니까?'라는 질문 기억나죠? 뱀은 뱀이라
불리는 그것일 뿐이죠. 그런데 사람에 따라 징그럽다거나 무
섭다거나 믹음직스럽다고 여기는 것뿐입니다.(웃음)

하나님의 아들, 딸이 나타나기를 학수고대하고 있다고
바울은 말했죠. 그래요. 하나님의 아들, 딸들은 이건 깨끗하
고 저건 더럽다고 하지 않습니다. 벼는 귀한 것이고 똥은 천
한 것이라 하지 않는다고요. 벼도 똥 먹고 살잖아요. 거름 안
주면 안 된다고요. 앞에서 읽은 권정생 선생님의《강아지똥》
기억나시죠? 세상 모든 것이 다 그렇게 연결돼 있습니다. 그

러니 뭐가 깨끗하고 뭐가 더럽습니까? 자기 생각에 갇혀 있
는 사람만이 실상을 못 보고 입력된 정보대로 이건 깨끗한
것, 저건 더러운 것이라 분별해요. 그러니 생각에서 깨어나야
하는 겁니다. 반야심경에서 말하는 공의 불생불멸, 불구부정,
부증불감이 바로 이 얘기예요.

자, 그럼 다음 구절로 가볼까요? 시고공중무색是故空中無色
무수상행식無受想行識. 그러므로 공한 것에는 물질도, 수상행
식도 없다는 겁니다.

여러분, 물질과 반물질, 즉 물질과 전하가 반대인 입자가
만나면 같이 소멸하여 에너지로 전환된다는 것을 아십니까?
우리는 물질이기 때문에 반물질을 경험할 수 없지요. 설사 이
우주 어딘가에 반물질로 이루어진 세계가 있다 하더라도 물
질인 우리가 거기에 닿는 순간 소멸하기 때문에 경험할 수는
없습니다. 그러나 반물질은 엄연히 과학적으로 입증되었어
요. 다시 말해 물질 없는 공의 상태가 과학적으로 설명될 수
있다는 것이죠.

또 하나, 블랙홀을 놓고 공의 세계를 설명하는 과학자나
불교철학자도 적지 않아요. 블랙홀이란 진화의 마지막 단계
에 접어든 별이 중력 붕괴를 일으켜 밀도나 중력의 세기가 무

한대가 되는 하나의 점으로 수축된 것을 말합니다. 중력과 밀도가 무한대라는 건 그만큼 끄는 힘이 세다는 것이죠. 그 앞에선 모든 게, 심지어 빛까지도 빨려 들어가기 때문에 외부에서는 그 안을 볼 수가 없어요. 게다가 일단 빨려 들어간 것은 나올 수 없고요. 그런데 이 블랙홀이 바로 물질이 아닌 에너지로 되어 있다는 겁니다. 그 안에 빨려 들어간 물질도 물론 에너지로 변화하지요. 그러다 내부의 에너지가 감당할 수 없을 만큼 커지면 어느 날 대폭발을 일으킨답니다. 그에 의해 에너지가 퍼져 나가면서 별들이 만들어져 또 하나의 우주가 생성되고요. 다시 말하면 색이 공이 되고 공이 색이 된다는 겁니다.

백팔번뇌, 지구별이 주는 최고의 선물

무안이비설신의無眼耳鼻舌身意
무색성향미촉법無色聲香味觸法

공에 대한 설명이 계속 이어집니다. 안이비설신의와 색

성향미촉법이 없다는 거예요. 안이비설신의眼耳鼻舌身意는 눈, 귀, 코 등 외부의 자극을 느끼는 지각기관과 그 내용을 식별하는 의식을 말하는 것으로 육근六根이라 하지요. 이 육근을 통해 들어오는 대상이 바로 육경六境, 즉 색깔, 소리, 맛, 향기 같은 것이고요. 이 육경 중 촉과 법은 각각 몸으로 아는 것과 마음으로 아는 것을 의미합니다.

불교에서는 중생이 겪는 근본 고통인 108가지의 번뇌가 바로 이 육근과 육경이 서로 만날 때 생긴다고 봐요. 육근이 육경을 대할 때 어떤 느낌이 생겨요? 좋거나(好) 혹은 나쁘거나(惡), 아니면 좋지도 나쁘지도 않거나(平等), 이 셋 중 하나겠지요? 그리고 다시 좋은 것은 즐겁게 받아들이고(樂受), 나쁜 것은 괴롭게 받아들이며(苦受), 좋지도 싫지도 않은 것은 즐겁지도 괴롭지도 않은 상태로 방치할(捨受) 것입니다. 종합하면 육근과 육경이 각각 대응할 때, 좋고 나쁘고 평등하고 괴롭고 즐겁고 버리는 여섯 가지 감각이 나타나기 때문에 6×6해서 36가지의 번뇌가 생긴다는 거지요. 그런데 이게 끝이 아니에요. 이 36가지 번뇌가 과거에도 있었고 현재에 있고 또 미래에도 있을 것이기에, 36×3하여 108가지 번뇌가 되는 겁니다. 그러니까 공이라는 것에 육근과 육경이 없다는 것은

108가지 번뇌가 사라짐을 의미하겠죠?

하지만 여기서 알아야 할 또 한 가지 중요한 게 있습니다. 색즉시공뿐만 아니라 공즉시색이라 했어요. 우리가 발 딛고 살아가는 이 세계는 색의 세계이기도 하다는 말이지요. 그러니 뭘 경험해야 합니까? 육경과 육근을 충분히 누려야 합니다.

우리가 육근과 같은 감각기관을 갖고 태어난 게 얼마나 축복이에요? 눈 없으면 세상의 색깔과 형상들을 못 보죠. 어둠 속에서 삽니다. 앞에 뭐가 있는지, 무엇에 부딪혔는지도 몰라요. 또 코 없이 냄새 맡을 수 있습니까? 못 맡죠? 맛도 제대로 못 느껴요.

반대로 육근이 있어도 육경이 없다면 무슨 소용이겠어요? 그렇죠? 세상이라는 객관과 나라는 주관이 이렇게 만나는 겁니다. 그러니 적극적으로 관계해야 하지 않겠어요? 그로 인해 설혹 백팔번뇌에 시달린다 해도 그를 마다하지 않고 다 경험해야 합니다. 아니, 어쩌면 우리는 그것 하러 이 지구에 온 게 아닐까 싶습니다.

그리고, 왔으니 살아야 해요. 때가 되어 나타난 색의 세계와 만나고 관계해야 한다고요. 즉, 안이비설신의로 색성향미

촉법을 상대하는 겁니다. 그 과정에서 때로는 수치심을 만나고 때로는 죄책감에 빠지기도 하지요. 또 온몸으로 분노를 표출할 때도 있습니다. 이게 자연스러운 거예요. 그것들이 저 차원이라고 무시하거나 만나기가 두려워 회피하면 그것들을 변형시킬 수가 없습니다. 충분히 못 만나주면 계속 남아서 나를 지배한다고요. 생각해보세요. 수치심과 두려움과 분노를 전혀 경험하지 않은 사람이 예술을 할 수 있겠습니까? 또 학문을 발전시키고 정치를 잘 할 수 있겠어요? 아니죠. 풍부하게 겪은 사람일수록 더 잘 이해하고 표현합니다. 그러니 수치심과 두려움과 분노와 슬픔, 이런 모든 게 이곳 지구별이 주는 선물이고 은총이라고요.

위의 세계가 그 나름의 아름다움과 정신을 지니고 있는 것처럼 밑바닥 세계의 미학과 철학이 있어요. 그건 경험해본 사람만 표현할 수 있는 겁니다. 그러니 어떻게 하자고요? 백팔번뇌를 충분히 경험하고 즐기는 수준으로까지 나아가자 이겁니다. 그럴 때만 벗어나는 자유를 누릴 수 있으니까요. 만약 이생에서 그 번뇌들을 안 만나주면 우리는 이 지구별에 또 오게 돼 있어요. 경험할 때까지 우주가 내려보낸다고요.

백팔번뇌를 충분히 경험하고
즐기는 수준으로까지 나아가자 이겁니다.
그럴 때만 벗어나는 자유를
누릴 수 있으니까요.

모든 나타남은 그분의 뜻이니

언젠가 들은 이야기입니다. 아들이 장애인이래요. 그런데 어떤 기독교인이 기도 열심히 하면 아이가 감기에도 걸리지 않는다고, 그러니 회개하라고 그랬대요. 또 어떤 불교 신자는 부모의 죄가 아이에게 간 것 같다고 했고, 한 스님은 전생의 업이라고 했대요. 그래서 심란하다는 겁니다. 전생의 죄가 얼마나 중한지는 몰라도 지금 생에서는 착하게 살려고 하는데, 또 장애인 아이를 키우면서 배우는 것도 많고 남다른 행복도 느끼는데, 막상 다른 사람들이 하는 말을 들으면 혼란스럽다는 거죠. 어떻게 살아야 하나 싶고, 아이가 이런 세상에서 잘 클 수 있을까 걱정도 되고요.

그 말을 듣는데 참으로 기가 막힙니다. 회개하라, 전생의 업이다, 다들 말은 쉽죠. 하지만 장애인 아이 키워보지 않은 사람들이 뭘 알까요? 그렇죠? 사실 저도 안 키워봐서 몰라요. 다만 예수의 관점을 빌려서 말하자면 이렇습니다.

어느 날 사람들이 날 때부터 시각장애인인 자를 예수 앞에 데려다 놓습니다. 그리곤 묻지요. "선생님, 어떤 이는 날 때부터 앞을 보지 못하는 것이 부모의 죄라고 하고 또 어떤 이는 본인의 죄 때문이라고 합니다. 선생님 생각은 어떠신지요?" 이 질문은 당시 학파들이 치열하게 벌이는 논쟁의 주제이기도 했어요. 다시 말하면 부모의 죄라고 하는 학파, 본인의 죄라는 학파로 갈라져 있던 거죠. 잠깐 덧붙여 설명하면 엄마 자궁 속에서부터 보지 못하는 경우는 매우 드뭅답니다. 즉, 태어나면서 어떤 문제로 시각장애인이 된다는 거예요. 지금은 의학과 위생시설이 발달했고 청결에 대한 의식이 높지만 과거엔 안 그랬잖아요. 특히 중동 지역은 더운 곳이고 물이 부족해서 청결을 유지하기엔 여러 가지로 악조건이었죠. 그런데 성병의 균이 태아의 뇌에 침투하면 시각장애인이 될 확률이 높대요. 그때는 사람들이 이런 과학적인 지식을 알지 못했죠. 그래서 그게 부모의 죄인지, 본인의 죄인지 논쟁이 붙었던 겁니다. 이에 예수가 뭐라고 대답했는지 아십니까? "부모의 죄도 아니고 본인의 죄도 아니다. 다만 하나님이 하시는 일을 이루려 함이다." 정말 기가 막히게 지혜로운 대답이 아닌가요?

여러분, 이 지구에 장애인은 태어날 수밖에 없습니다. 통계상으로 그게 증명돼요. 통상 10만 명 중 천재 한 명, 100명 중 장애인 세 명, 그렇대요. 이게 바로 우주가 일하는 방식입니다. 천재를 통해 인류의 문명, 문화 발전에 도움을 주고, 장애인에게서는 사랑을 배우게 하기 위해서라는 거지요. 그러니까 뭐예요? 장애인을 장애인으로 보는 한 마하반야가 아니라는 겁니다. 장애인으로 보는 한 그 아이 자체를 만날 수 없다고요. 그래요. 그건 누구의 죄도 아닙니다. 다만 하나님이, 우주가 뭔가를 이루기 위해 일하는 방식인 거지요. 그 의미를 알고 장애인을 통해 사랑을 배우는 자는 말할 수 없이 성장하겠지요. 실제로 장애인 아이를 둔 엄마는 그렇지 않은 엄마에 비해 영혼의 용적과 깊이가 비교할 수 없이 크고 깊어집니다.

자, 우리 백팔번뇌에 대해 논하다가 이 얘기가 나왔죠? 핵심만 정리하면 공이라 하는 것에 색과 수상행식, 안이비설신의와 색성향미촉법이 없다고 해서 그것들을 필요 없는 것으로 치부하면 안 된다는 겁니다. 없다는 건, 엄밀하게 말하면 고정돼 있지 않다는 거예요. 그때그때 나타나는 현상이라는 겁니다. 그러니 우리는 그 현상들과 관계하면서 살아야 하는 거죠. 집착할 이유도, 집착하지 않을 이유도 없이 다만 관계하면 그뿐이라고요. 금욕주의자들이 가장 성性에 민감하다는 것 아시죠? 무소유를 주장하는 것도 마찬가지예요. 어차피 공이므로 소유할 수도 없어요. 그런데 굳이 무소유를 주장하는 건, 그만큼 그에 대한 집착이 크다는 걸 방증하는 게 아닌가 싶습니다.

왔다 사라지는 현상 속에서 108가지 번뇌를 마다하지 않고 잘 만나주고 보내주다보면 그것들과 관계하는 기술이 점점 발전하지요. 과거에 주로 의식지수 아랫동네의 것들과 관계했다면 점차 윗동네로 나아간다고요. 그러다 때 되면 육체를 벗고 가는 겁니다. 이렇게 살면 어때요? 삶이 참 쉽지 않습니까? 고정된 게 아무것도 없으니 얼마나 가슴이 뛰어요? 끊임없이 무엇이든 될 수 있잖아요.

이 세상에서 가장 큰 재미가 '되는' 재미예요. 우린 이 세상에 되러 온 겁니다. 그러니 되는 게 없다는 생각 속에 갇히지 마세요. 지금도 되고 있고 앞으로도 되게 되어 있습니다. 여러분, 명심하십시오. 우리는 예수 찬양하러, 붓다 추앙하러 이곳에 온 거 아니에요. 그들이 했으니 나도 할 수 있습니다. 사장이 했으니, 대통령이 했으니, 어느 예술가가 했으니 나도 할 수 있다는 거예요. 뱀은 징그러운 것도 안 징그러운 것도 아닙니다. 그래요. 정해진 게 없습니다. 무한한 가능성의 세계라고요. 그러니 하고 싶은 거 하면서 맘껏 살면 됩니다.

이 세상에서 가장 큰 재미가 '되는' 재미예요.

우린 이 세상에 되러 온 겁니다.

그러니 되는 게 없다는 생각 속에 갇히지 마세요.

정답은 없다, 그러니 살아라

정해진 게 없다는 것, 우리 주변에서도 쉽게 예를 들 수 있어요. 같은 밥이어도 어느 땐 꿀맛이지만 어느 땐 입맛이 싹 달아나죠. 임신했을 때나 아플 때 그렇잖아요. 향수도 그래요. 누구는 좋은 냄새라고 하지만 누구는 역겹다고 합니다. 똥냄새는 안 그렇습니까? 화장실에 처음 들어갔을 때는 구리지만 차츰 적응되면 맡을 만하잖아요?(웃음) 또 현재의 배우자와 연애할 때 생각해보세요. 목소리만 들어도 좋고 손만 스쳐도 짜릿하고 그러더니 지금은 좀 무뎌지지 않았습니까?(웃음) 내가 아는 사람은 개고기를 소고기로 착각하고 먹을 때는 맛있다고 잘 먹더니 막상 개고기인 것을 알고 나서는 토합니다.(웃음) 그리고 여기 모인 사람 중에 거짓말 한 번 안 해본 사람 있으면 손드세요. 친구한테 배반 한 번 안 당해본 사람 있으면 얘기해보세요. 없죠? 그러니 누구 변했다고 탓하지 마세요. 다 변합니다. 변질, 곧 질이 변하는 게 우주의 법칙이라고요.

목회하면서 열심히 사회운동 하느라 동분서주하던 시절의 일이에요. 젊은 목회자들을 이리저리 챙겨주시는 대부 같은 분이 있었지요. 어느 날 그분이 사주는 해장국을 먹으면서 나눈 대화가 이렇습니다.

"자네들은 설교를 너무 분명히 해서 교인이 안 모여."

"그럼 어떻게 해야 하는데요?"

"설교란 말이야, 이렇게 들어도 맞는 것 같고 저렇게 들어도 맞는 것 같아야 해. 그래야 사람들이 모이지. 자네들처럼 해서는 교회가 동아리 수준을 못 벗어난다고."

그분 가고 난 다음 우리끼리 그랬어요. 저렇게 늙지 말자고. 그땐 내가 옳다고 믿는 것, 그게 전부인 줄 알았지요. 하지만 살아보면 알잖아요. 맞고 틀리고가 없습니다. 상식도 변하고 율법도 변해요. 세상 질서는 다 그렇게 변하는 겁니다. 그러니 그것 갖고 싸울 이유가 없어요. 인생에 답이 없는데 왜 싸워요? 뭘 갖고 싸울 겁니까? 그냥 렛잇비let it be, 하고 내 갈 길 가면 족한 거죠. 반야심경의 핵심은 이거 같아요. 인생에 답이 없다. 그러니 하고 싶은 거, 할 수 있는 거 하면서 신나게 살자!(웃음)

여러분, 백팔번뇌는 좋은 겁니다. 이거 없으면 지구별은 문 닫아야 해요. 왜요? 그게 사람을 진화시키고 성장시키니까요. 그걸 통해 삶이 풍성해지니까요. 그러니 그동안 나를 괴롭혀온 슬픔, 분노, 복수심, 부끄러움, 흥분, 설렘, 용기, 사랑…… 이런 게 다 나 되게 하는, 나를 깨닫게 하는 징검다리였음을 알아야 합니다. 나에게 필요 없던 것은 없구나, 앞으로 다가올 것도 필요 없는 게 없겠구나, 그렇게 알아차리며 공의 세계를 경험해야 한다고요.

번뇌 속에서 만나는 디자이어

우리는 이렇게 백팔번뇌를 통해 한 발 한 발 내딛으며 계속해서 건너갑니다. 그런데 앞에 바다가 있어요. 어떤 사람은 그 앞에서 종이배만 띄우죠. 또 어떤 사람은 발만 잠깐 적시고 맙니다. 수영 조금 했다가 돌아오는 사람도 있고요. 반면 배를 만들어 건너가는 사람이 있습니다. 심지어는 다시 돌아와서 다른 이들이 그 물을 건너도록 도와주는 사람도 있어요. 어때요 여러분? 이런 사람 되고 싶지 않습니까? 색과 공, 둘이 근본적으로는 하나임을 알고 어느 하나에 치우침 없이 중도, 중용의 길을 선택하며 가는 사람, 삶 속에서 끊임없이 확인하는 사람만이 그런 일을 할 수 있습니다.

그런 멋진 사람 되기 위해 이제 지구별의 백팔번뇌를 열심히 잘 만나주세요. 경험하는 모든 것이 신비가 될 것입니다. 날마다 새로운 디자이어가 내 안에서 샘솟을 거라고요. 그것을 온전히 느끼고 거침없이 표현하는 삶을 사세요. 그것이 곧 우주 질서에 부합하는 창조이자 순리입니다.

오늘은 이것으로 마칩니다.

모름을
알고 가니,
가고 또 가는
중에 알리라

무명無明에서 벗어나니

모름을 알게 되고

모른다는 것을 인정하니

비로소 길이 보이네

마하반야로 넘어가는

시작도 끝도 없는 길

인생은 내가 어떤 선생님을 만나느냐에 달려 있습니다. 저도 그래요. 이화여대에서 신학을 가르치시던 김흥호 선생님 덕에 내 안에서 과학과 종교와 철학과 예술이 통하는 것을 경험했습니다. 선생님 만난 것을 계기로 어느 한 단계를 건너간 것이죠.

김흥호 선생님 말씀 중 오늘 나누고 싶은 구절이 하나 있어요. 특별해지려고 하지 말고 평범해지라는 것입니다. 하늘에서 빛나는 별 중 가장 특별한 별이 뭔 것 같아요? 예, 북극성입니다. 그런데 그것만 보고 따라가면 북극이 나오죠. 그런데 북극에는 사람이 못 삽니다. 이 말을 왜 하는가 하면, 요즘 추세가 자꾸 특별한 무엇이 되기를 권유하잖아요. 특별한 게 있어야 학교 잘 가고, 취직도 잘되고, 또 결혼도 한다고요. 그런데 내가 보기엔 그 반대예요. 오히려 평범하지 못해서 인생이 잘 안 풀리는 사람이 많은 것 같다고요. 보세요. 그 평범한 출퇴근을 힘들어하는 젊은이들이 얼마나 많아요?(웃음) 아침에 일찍 일어나고 밤 되면 적당한 시간에 자는 걸 못합니다. 또 자기 방 청소를 못하고 신발 정리도 못해요. 오래 앉아 있는 걸 못하고 자기 숨을 관찰하지 못합니다. 그러니 뭔들 제대로 하겠느냐고요.

여러분, 북극성은 이상입니다. 그런데 예수는 현실이 이상이라고 했어요. 하나님 나라는 지금 여기 있다는 거죠. 붓다도 마찬가지입니다. 있는 그대로 보라, 그것이 가장 좋다는 겁니다. 그래요. 생각을 빼면 늘 지금이 최고이고 최선입니다. 부모와의 관계? 생각 빼면 이보다 더 좋을 수 없죠. 삶은? 생각 빼고 보면 늘 즐겁고 풍성합니다. 그런데 이게 어떻게 가능하다고요? 비어 있음 때문에, 즉 만물의 실상이 공이기 때문에 가능한 겁니다.

신화학자 조지프 캠벨Joseph Campbell은 동양신화에서 가장 위대한 이야기는 바로 붓다의 공 체험이라고 했어요. 붓다라는 역사적 인물이 중요한 게 아닙니다. 그가 실제 인물인지 단지 신화적인 인물인지 아무 상관이 없어요. 진인眞人의 원형을 발견했다는 것이 가치 있고 의미 있는 거죠. 그러니 그 원형을 발견하고 전승시켜온 선배들에게 우린 감사해야 해요. 그분들 덕에 우리가 이렇게 반야심경을 함께 보고 나눌 수 있는 겁니다.

공, '어떤'의 경계에서 자유로운

자, 어느덧 강의가 중반을 넘어섰어요. 마하반야바라밀다심경. 이 세상의 최고 지혜, 지혜 중의 지혜로 안내하는 경전입니다. 관세음보살이 큰 지혜를 얻으려고 수행을 하니 오온이 공임을 알고 모든 고통에서 벗어났다는 말로 시작하지요. 그 다음부터는 공에 대한 구체적인 설명입니다. 즉, 공이란 색과 다르지 않고 색 또한 공과 다르지 않으며 공이 색이고 색이 공이라는 거예요. 뿐만 아니라 수상행식도 마찬가지로 공이고 공 또한 수상행식입니다. 법 또한 공이니 태어나는 것과 멸하는 것이 없으며, 깨끗한 것과 더러운 것, 늘어나는 것과 줄어드는 것도 없다고 합니다. 그런고로 공이라 하는 것은 색이 없으며 수상행식도 없고, 또한 안이비설신의와 색성향미 촉법도 없습니다.

다음 구절 볼까요?

무안계無眼界

내지무의식계乃至無意識界

무무명無無明

역무무명진亦無無明盡

내지무노사乃至無老死

역무노사진亦無老死盡

무고집멸도無苦集滅道

무지역무득無智亦無得

이무소득고以無所得故

해설하면 이렇습니다. 무안계, 눈의 경계가 없다는 거예요. 봤다는 것조차 없다는 거지요. 더 넓게 말하면 육근과 육경의 초월이에요.

백화점에 갔는데 빨간 가방이 걸려 있어요. 여러 사람이 보고 그냥 지나칩니다. 그런데 유독 한두 사람은 다가가서 만져보고 상표도 보고 가격도 보고 그러죠? 요즘말로 필이 꽂힌 겁니다. 그 물건에 마음이 동한 거예요. 이 상황에서 질문 하나 해보죠. 당신은 '어떤' 가방을 갖고 싶습니까? 여기서 핵심은 '어떤'이 본질을 왜곡하고 있다는 걸 이해하는 거예요. 그렇죠? 필요한 건 가방입니다. 그런데 '어떤'에 매여 정작 가방은 놓친다고요. 이 질문을 바꿔 말해 보죠. 다 같이 대답해 보세요.

어떤 삶을 살고 싶습니까?
—어떤이 아닌 '삶'을 살고 싶습니다.

그래요. 삶이 어떤보다 더 큽니다. 그런데 이제까지 우리 어떻게 살았어요? 어떤에 삶을 꿰맞추려 했지요. 엄청나게 큰 삶을 내가 보는 것, 듣는 것, 말하는 것, 나의 신념과 믿음과 생각에 가두어놓았다는 겁니다. 그러니 삶이 잘 흐를 수 있을까요? 아니죠. 여기저기 막힌 데가 많아서 답답합니다.

처음엔 대부분의 사람들이 이 질문의 의도 자체를 몰라요. 그래서 별별 대답을 다 하지요. 어떤 삶을 살고 싶습니까? 하고 물으면, 행복한 삶을 살고 싶다, 예쁜 여자와 결혼해서 아이 낳고 살고 싶다, 풍요롭게 살고 싶다……. 그때 이런 질문을 던집니다. 불행한 삶은 못 삽니까? 예쁜 여자와 결혼 안 하는 삶은 살고 싶지 않습니까? 그러면 비로소 '아, 이 질문에 뭔가 있구나.' 하고 눈치 채고는 정신을 차리고 물음에 달라붙지요.

마하반야가 뭡니까? 세상 만물의 실상이 공임을 아는 것이죠. 그런데 공이 뭐라고요? 비어 있음으로 충만한 것. 고정되지 않은 것. 무엇 하나 분리될 수 없이 연결된 것. 그래서 없이 하려야 없이 할 수 없는 것. 그렇죠? 다시 말해 공을 이해하고 경험하면 어느 것에도 걸림이 없어요. 색에는 물론 공에조차 집착하지 않게 됩니다. 그런데 사람들은 어때요? '어떤'에 집착하지요. 행복한 삶, 예쁜 여자, 풍요로운 생활, 혹은 무소유와 깨달음에 매여 있다고요. 그래서 늘 결정적인 단계를 못 넘어서는 겁니다.

행복에 집착해보세요. 불행을 만납니다. 의식이 성공에 매여 있는 한 진정한 성공은 경험하기 힘들어요. 반면 기존의 어떤을 떨어내는 순간 어때요? 자유로워지지요. 비로소 공, 즉 존재에 근거해 어떤의 자리에 무엇이든 채워넣을 수 있는 가능성이 열리는 겁니다. 제한되고 편협해진 육근으로 받아

공을 이해하고 경험하면 어느 것에도
걸림이 없어요. 색에는 물론 공에조차
집착하지 않게 됩니다.
그런데 사람들은 어때요?
'어떤'에 집착하지요.

들인 정보, 과거의 기억과 지식, 생각과 관념에 의해 입력된 어떤이 아닌 나의 디자이어에 충실한 새로운 어떤을 맘껏 창조할 수 있다고요. 그러니 그걸 깨닫는 순간 삶이 얼마나 시원하고 맑고 상쾌하고 가볍겠습니까? 경험해본 사람은 그 느낌을 잊지 못할 거예요. 그렇죠?

주관과 객관을 넘어 본질에 다가가다

입력된 대로 살면 기계인간이에요. 그게 참 무서운 겁니다. 예를 들어 내가 산책을 하다가 어떤 새소리를 들어요. 사실은 처음 듣는 소리입니다. 그런데도 나의 감각기관을 통해 들어온 낯선 소리가 이미 내 안에 입력돼 있는 어떤 것을 만나는 순간 늘 듣던 소리를 내는 익숙한 새로 바뀌지요. 그러니 종달새 없는 섬에 가서 종달새 울음소리 듣고 왔다는 보고가 나오는 겁니다. 사실이 이렇게 굴절되고 왜곡돼요. 보는 건 또 어떤가요? 밥상 위에 차려진 김치 하나도 어제 것과 오늘 것이 다른데 그걸 못 보고는 맨 그 나물에 그 밥이라고 타박을 합니다.

새소리 하나, 김치 한 조각을 수용하는 것도 이런데, 하물며 사람을 만나고 관계하는 일은 어떻겠어요? 사장님이 충고 하나 하면 입력된 대로, 늘 그래왔던 대로 바로 안에서 짜증이 일죠. 아내의 사소한 말 한 마디에 남편은 버럭 화를 내고, 남편의 무의식적인 행동에 아내는 상처를 입고 또 입습니다. 그러고는 그게 화날 일이랍니다. 사장님은, 내 남편은, 내 아내는 그래선 안 된다는 생각에 갇혀 그게 화날 일이라고 입력되었다는 것을 모르고 우기는 거예요. 오늘의 느티나무를 내 생각의 느티나무로 보는 한 느티나무를 만날 수 없지요. 그래요. 이런 방편들이 새로운 눈을 뜨게 하는, 새로운 선택을 가능하게 하는 첫걸음입니다. 기계인간으로 살지 않으려면 또한 보고 듣고 행하는 데 주관에 사로잡히지 않고 객관에 매이지 않는 게 중요해요.

이야기 하나 해볼까요. 여러분이 살고 있는 '집을 보려면' 어찌해야 할까요? 그렇죠. 집을 보려면 일단 나가야죠. 움직이지 않고 방안에 앉아 있는 한은 볼 수 없습니다. 집을 보려면 집 밖으로 나가야죠. 행동해해죠, 움직여야 합니다. 생각으로는 집을 볼 수 없지요.

자, 집 밖으로 나가 집을 봅니다. 뭐가 보이나요? 문 앞에서 보는 집, 지붕에서 보는 집, 산에서 내려다보는 집, 다 달리 보이죠. 내 위치에 따라, 어디서 보느냐에 따라 집 모양과 색깔과 자태가 다 다르다는 거예요. 그렇게 보는 게 다일까요? 구석구석도 봐야죠. 산 정상에서 집을 보기도 하고, 중턱에서도 봐야죠. 여기저기 위치를 바꿔가며 집을 살피고요. 어때요? 집을 보려면 어찌해야 한다고요? 그래요. 총체적으로 봐야 하죠. 한 곳의 위치, 하나의 신념과 입장에 매이지 않을 때 시야가 넓어지고 사물의 본질에 근접할 수 있지요. 객관과 주관을 모두 넘어서는 거지요. 그러므로 총체적으로, 통합적으로 본다는 건 결국 중도고 중용입니다. 그러고 보니 모든 게 반야심경의 가르침으로 귀결되죠?

고통의 원인을 찾아 거슬러 올라가니

다음 구절 봅니다. 무무명이에요. 공에는 무명無明이 없다는 겁니다. 이 무명 또한 불교에서 아주 중요한 개념이지요. 이걸 이해하려면 붓다가 설한 12연기를 먼저 아는 게 필요해요. 연기緣起란 '이것이 있으므로 저것이 있고' '이것이 없으므로 객관과 주관을 모두 넘어서는 거지요.
그러므로 총체적으로, 통합적으로 본다는 건
결국 중도고 중용입니다.

저것도 없다'는 것으로, 생멸 변화하는 물질세계와 인생의 모든 현상을 설명하지요. 즉, 12연기설은 인간의 근원적인 고통의 발생과 소멸을 무명, 행, 식, 명색, 육입, 촉, 수, 애, 취, 유, 생, 노사라는 12가지를 통해 보여줍니다. 그럼 하나씩 살펴볼까요?

널리 알려졌다시피 붓다를 깨달음의 길로 가게 만든 건 하나의 의문이었습니다. 그 의문이 뭔가 하면 '사람은 왜 태어나서 늙고 병들어 죽는 고통을 겪어야 하는가'입니다. 그래요. 인간이라면 늙고 죽는 운명을 피할 수 없습니다. 12연기설 가운데 노사老死지요. 그럼 왜 늙고 죽는가, 하고 봤더니 태어나서 그렇다는 겁니다. 생生하면 필연적으로 늙음과 죽음이 따라와요. 그렇죠?

그러면 왜 태어날까, 생을 낳는 것은 무엇일까 하고 탐구를 한 결과 윤회하는 존재가 있기 때문이라는 것을 알게 됩니다. 이 윤회하는 존재가 유有인데, 이걸 낳는 것은 취取, 즉 집착이자 강렬한 애착입니다. 그리고 이 애착은 대상에 대한 욕망으로 인해 비롯하지요. 이 욕망을 애愛라 합니다. 인간의 본능적이고도 맹목적인, 충동적인 욕망을 의미해요.

그럼 왜 이 같은 욕망이 생기는 걸까요? 대상을 받아들이는 감수 작용이 있기 때문이지요. 불경에 따르면 이 수受, 즉 받아들이는 느낌과 감정은 즐거움과 괴로움, 그리고 즐겁지도 괴롭지도 않음, 이 세 가지로 나뉘어요. 이런 감수 작용은 왜 생겨요? 주관과 객관의 만남, 즉 촉觸에 의해 생기지요. 다시 말하면 우리의 감각기관과 바깥 대상, 그리고 이에 대한 인식 작용이 만날 때 수가 일어난다는 겁니다.

이때 접촉은 지난 시간에 강의한 육근이 없다면 불가능하겠죠. 육근, 혹은 육입六入이라 하는 게 바로 6가지 감각기관입니다. 안이비설신의죠. 이를 일으키는 것이 명색名色인데, 여기서 명은 정신적인 현상, 색은 물질을 나타냅니다. 쉽게 말해 육근의 대상이 되는 것이 명색이라 할 수 있어요.

그런데 명색과 감각기관만 있다고 해서 인식 작용이 일어나는 것은 아니죠. 여기엔 반드시 식識이 필요합니다. 이때 식이란 개체의 중심 의식 같은 거예요. 몸과 마음을 통일시키고 생명을 부여하는 핵심이죠. 이게 없으면 숨을 쉬어도 살아 있다고 할 수 없는 겁니다. 쉽게 말해 감각기관과 그 대상이 되는 명색, 그리고 인식을 주관하는 식이 함께 갖추어질 때 비로소 접촉에 따른 인식 활동이 가능하다는 겁니다.

그러면 이 식은 어떻게 있어요? 행行이 있기 때문이지요.

우리가 흔히 말하는 업이란 게 행을 의미해요. 과거에 몸으로 마음으로 입으로 경험하고 지은 것들, 그것이 쌓이고 쌓여 잠재적인 에너지로 남아 있는 모든 선행정보와 습관이 행이에요. 그러니까 과거의 업에 의해 식이 영향을 받아 활동을 한다는 거지요.

그럼 마지막으로 이 행은 왜 일어나요? 그게 바로 무명無明 때문이라는 겁니다. 한마디로 지혜가 없다는 거예요. 진리에 대한 무지입니다. 구체적으로는 연기緣起, 무상無常, 무아無我 등의 진리를 모르는 상태를 의미해요. 실상을 있는 그대로 보지 못하는 최초의 한 생각, 바로 그 무명 때문에 모든 고통이 시작된다는 겁니다.

어둠의 고리를 끊는 지름길

무명. 쉽게 말하면 어둠입니다. 스스로 어둠 속에 갇혀 지금 어디에 있는지, 뭐에 부딪혔는지, 어디로 가야 하는지도 몰라요. 그러니까 뭘 모르는지도 모르는 겁니다. 그런데 더 큰 문제는 이런 사람일수록 자신이 안다는 생각에 빠져 있다는 거

무명無明 때문이라는 겁니다.
한마디로 지혜가 없다는 거예요.
진리에 대한 무지입니다.
구체적으로는 연기緣起, 무상無常, 무아無我 등의
진리를 모르는 상태를 의미해요.

예요. 그래서 이런 사람들이 가장 무섭고 위험한 겁니다.

자, 우리 첫 시간에 큰 지혜로 가는 출발이 뭐라 그랬습니까? 내가 모른다는 것을 아는 것. 그래요. 내가 아는 것이 일부분이고, 오류일 수 있고, 모르는 게 훨씬 많다는 것을 인정할 때만 지혜의 길을 갈 수 있다고 했어요. 그때 바른 지식으로 통하는 문이 열리고, 열리니까 공에 가장 가까워질 수 있는 겁니다. 생각해보세요. 일단 내 지식의 한계와 부족함을 인정하면 그에 집착하거나 그로 인해 누구와 싸우는 일이 줄어들지 않겠어요? 보통은 자기 생각과 신념에 대한 집착과 확고한 믿음 때문에 목숨 걸고 싸우잖아요. 그런데 둘 다, 아니 어느 한쪽만이라도 그걸 포기한다고 가정해봐요. 모든 가능성이 열리지 않겠어요? 그렇게 나를 비울 때 공에 가까워지는 거예요. 어느 한 순간, 이렇게 공에 가까워지기만 하면 무지로 인한 악순환이 끊긴다고요.

누가 나를 비난합니다. 생각할수록 억울해요. 당장 쫓아가서 따지고 싸움을 겁니다. "야, 니가 뭔데 나에게 그런 소릴 해?" 그러면 그쪽에선 어때요? "뭐야, 이 새끼가 어디서 반말이야."(웃음) 이렇게 되는 겁니다. 악순환이에요. 이런 식으로 반복되는 고리를 끊을 수 있는 건 오직 나뿐입니다. 남이 먼저 끊길 기다리지 마세요. 자기 자신이 끊는 게 제일 빠릅니다. 그냥 나를 내려놓으면, 비우면 돼요.

수년 전 노무현 전 대통령이 서거하셨죠. 저는 그 사건을 그분 스스로 악순환의 고리를 끊었다고 봅니다. 침묵하고 십자가 지고 가신 거예요. 안 그러면 상대가 그 고리를 먼저 끊었겠어요? 설혹 산다 한들 그게 산목숨이겠느냐고요. 북한 문제도 봅시다. 지금처럼 나가면 전쟁밖엔 없어요. 그러니 대립과 분쟁의 고리를 어느 쪽에서든 먼저 끊어야 한다고요. 누가 그걸 해야 해요? 조금이라도 잘 사는 남한이 하는 게 더 쉬워요. 북한은 지금 굶주림에 악에 받혀 그러는 거니까요. 경제적으로 다 봉쇄된 그들이 뭘 믿겠습니까. 핵밖에 믿을 게 없는 겁니다. 그들이 잘한다는 게 아니에요. 하지만 문제가 있다면 정권이 그런 거지 백싱들이 그린 게 아니잖아요. 남이나 북이나 전쟁 나면 그걸 일으킨 주역들은 돈을 벌수도 있습니다. 권력을 새롭게 잡을 수도 있습니다. 반면 나가서 싸우다 죽는 건 평범한 국민들이죠. 정치가든 학자든 나라의 주요한 지도자들이 무명에 휩싸여 있으면 그래서 위험한 겁니다. 국가 전체가 어둠 속에 빠진다고요.

원인과 결과 사이를 보는 지혜

연기론과 관련하여 한 가지만 더 얘기하고 마치겠습니다. 원인과 결과를 기계적으로 대응하면 안 돼요. 모든 일엔 원인이 있고 또 그에 따른 결과가 있다는 건 사실입니다. 그렇다고 A라는 원인의 결과가 꼭 B인 것은 아니라는 거죠. 결과가 C도 되고, 또 D나 E도 될 수 있다는 거예요. 어떤 원인이 특정한 결과로 드러나는 과정은 그렇게 단순하지 않습니다. 복잡한 변수들이 많고, 그중 어느 하나도 뺄 수 없다고요. 이를 무시하고 단순하게 원인과 결과를 연결시키면 결정론, 숙명론으로 빠지기가 쉽지요.

옛날에 갑돌이와 갑순이가 살았습니다. 강을 사이에 두고 서로 이웃하는 마을에 살았지요. 둘이 연애를 하면서부터 갑돌이가 징검다리를 건너 갑순이네 마을에 가기 시작합니다. 그러던 어느 날 밤, 징검다리를 건너던 갑돌이의 발이 삐끗해서 물에 빠졌는데 그만 익사하고 말았어요. 그러자 정부 내각회의가 열립니다. 각 부처 사람들이 서로 책임을 미루면서 싸워요. 누군가 미리 안전한 다리를 놓지 않은 국토해양부 책임이라고 하니까, 국토해양부 관계자는 가로등 관리를 제대로 하지 않은 한국전력 책임이라고 미룹니다. 그러자 한전 쪽 사람은 그곳이 사고다발 지역임에도 충분히 대민홍보를 하지 않은 국정홍보처의 잘못이라고 비난해요. 자, 결국 갑돌이가 죽은 원인이 뭐란 얘기예요?

또 다른 사례 하나 봅시다. 이번에는 병아리를 부화시키기 위해 달걀을 사오다 깨뜨린 두 사람의 이야기입니다. 한동네에서 지붕을 나란히 하고 살던 두 사람이 있었어요. 같이 시장을 보러갔다가 오는 길에 넘어져서 달걀이 전부 깨져버렸지요. 그러자 두 사람이 머리를 맞대고 그 원인에 대해 분석합니다. 한 사람이 먼저 말을 꺼냅니다. 신발이 너무 커서 헐거우니까 넘어진 거야. 그래서 계란이 깨졌어. 이번엔 다른 사람이 의견을 내놓습니다. 아냐. 길만 제대로 포장돼 있었어도 넘어지지 않았을 거야. 길을 포장하지 않아서 계란이 깨진 거라고. 이런 식으로 논쟁을 계속하다가 결국 30년 세월을 보냈다는 그런 전설이 있어요.(웃음)

위의 두 가지 얘기를 통해 하고자 하는 말이 뭔지 아시겠어요? 원인 규명도 중요하지만 원래 목적을 잊지 않는 것이 더 중요하다는 겁니다. 사람이 죽어서 내각회의가 열렸으면 사고를 방지할 대책을 세우는 게 목적이지요. 또 병아리 부화시키는 게 목적이면 어떻게든 다시 달걀을 사와서 목적을 이루어야 해요.

　자, 원인과 결과 사이에는 뭐가 있다고요? 예, 공이 있어요. 비어 있기 때문에 그 안에서 온갖 사건이 일어날 수 있지요. 그것들이 얽히고설켜서 거대한 과정을 이룬다고요. 그러니 원인과 결과를 고정적으로 바라보는 것 자체가 무지입니다. 어느 하나에 집착하면 안 돼요. 그래서야 더 좋은, 아름다운 결과를 창조할 수 없으니까요. 그러므로 무엇 때문에 내 삶이 이렇다고 생각하는 결정론, 숙명론에서 탈피해야 합니다. 그때 비로소 내 운명을 내가 바꿀 수 있어요.

무명에서 벗어나 영생으로

마하반야, 나를 아는 지혜입니다. 나를 안다는 것, 그게 영생이고 엑설런트 라이프excellent life예요. 그걸 모르는 게 무지, 무명이고요. 그런데 그 나라는 게 공이라는 거지요? 비어 있어요. 고정된 게 없습니다. 보이는 물질도, 그에 대한 생각과 느낌과 인식, 나아가 기억과 반응까지도요. 그래서 어마어마한 가능성과 무한함을 지니고 있지요. 내가 모든 색, 수, 상, 행, 식과 자유자재로 관계할 수 있다는 겁니다. 그렇게 백팔 번뇌를 경험하면서 이생의 저편, 초월의 세계로 건너갈 수 있다고요. 그것이 바로 지구에서 누릴 수 있는 최고의 삶입니다.

옛 말에 수행자의 삶은 엎었다 함도 아니고 잡았다 함도 아니고, 다만 몸을 앞으로 숙여서 나아가는 거라 했지요. 그래요. 그렇게 끊임없이 가는 겁니다. 그 길엔 옳고 그름도 선과 악도, 고정된 것은 아무것도 없습니다. 공으로 향해 가는 이런 길, 거룩한 길이에요.

오늘은 이만큼 하겠습니다.

나를
아는 자,
열반을
보리니

깨달음이 있어도 행함이 없다면

행함만 있고 지혜가 없다면

그 역시 무명無明이라

반야와 바라밀다의 통합으로

참나를 밝히니

열반涅槃은 오직 그의 것

어느 날 누가 그럽디다. 왜 선생님은 이럴 땐 이렇게 말했다 저럴 땐 저렇게 말하느냐고요. 한마디로 모순이라는 거죠. 예를 들어 어떤 때는 이 세상에 죽음만큼 확실한 건 없다고 했다가, 며칠 후엔 또 죽음이란 없다고 말을 바꾼다는 거예요.(웃음) 네 인생은 네 것이니 주인 되어 살라고 하더니, 또 어떤 때는 사장이 시키는 대로 하라 그러고.(웃음)

그런데 세상 모든 선생들의 말씀은 다 그래요. 왜 그럴까요? 그 순간에 필요한 말을 하기 때문입니다. 말하는 자리에 누가 있는지, 그 사람의 의식이 어떠한지에 따라 하는 말이 다 달라요. 그러니 이럴 땐 이 말이, 저럴 땐 저 말이 나오는 겁니다.

잘 보고 듣는 일의 중요성

제가 운영하는 살림마을에 〈100일 삶의 학교〉라는 프로그램이 있어요. 100일 동안 살림마을에 들어와 살면서, 하루에 1%씩 나를 바꿔가는 일종의 생활수련 프로그램이지요. 그 수련생에게 안내하는 슬로건 중 하나가 '어디서든 주인으로 살면 거기가 천국'이라는 겁니다. 그리고 또 하나는 '손님처럼 살라'예요.(웃음) 모순되는 것 같죠? 하지만 아닙니다. 우리가 이 세상에 그렇게 두 가지 옷을 다 입고 왔어요. 먼저 방문객으로 온 겁니다. 왔다 가는 존재라는 의미예요. 지구별에 소풍 왔다고 하잖아요. 그러니 뭐에 집착하고 연연해 할 필요가 없지요.

반면 우리는 또한 주인으로 왔습니다. 나 되러 왔다고요. 내 디자이어를 멋지게 펼쳐서 지구를 더 아름답고 밝게 만들 사람들로 왔다는 겁니다. 그러니까 결국 주체면서 객체이지요. 주인인 것 같지만 손님이고, 손님인 것 같지만 주인이에요. 그 균형이 잘 맞을 때 삶이 원만해지고 풍성해져요. 그래서 때와 장소를 잘 분별해야 합니다. 언제 어디서 주인으로 있을 건지, 손님으로 있을 건지를 잘 보고 듣고 행동해야 한다고요. 이 조율과 균형이 원만하게 이루어질 때 심신이 온전해요. 건강한 삶을 살게 됩니다.

'절대'란 없다

서두는 이것으로 끝내고 이제 강의 시작해볼까요?

지난 시간에 12연기설과 무명의 개념까지 살펴봤어요. 이로써 불교의 핵심은 사실상 다 뚫었다고 보면 됩니다. 공과 색, 그리고 12연기와 무명. 그러면 다 된 겁니다. 기독교도 그래요. 십자가와 부활만 제대로 이해해도 다 뗀 겁니다. 예를 들어 갈라디아서 2장 20절에 쓰인 '내가 그리스도와 함께 십자가에 못 박혀 죽었으니 이제는 내가 산 것이 아니요', 고린도전서 5장 17절의 '보라 새것이 되었다', 누가복음 15장에 나온 돌아온 탕자 비유, 요한복음 3장 16절의 '하나님이 세상을 이처럼 사랑하사 독생자를 주셨으니 이는 저를 믿는 자마다 멸망치 않고 영생을 얻게 하려 하심이라'. 이 정도면 충분하잖아요. 나머지는 다 그에 대한 주석이고 해설입니다.

불교에서 말하는 12연기는 기독교식으로 말하면 죄와 사망의 핵심이자 근원을 밝혀주는 거예요. 그게 뭐라고요? 무명, 근본무지입니다. 성경도 마찬가지예요. 하나님을 몰라서 망한다고 돼 있습니다. 하나님, 즉 내가 누구인지 모르는 게 죄라고요. 그런데 예수는 여기서 한 걸음 더 나갔죠? 안다 하니 그것이 죄라고 했습니다. 소크라테스도 내가 아는 것이 없다는 것을 알라고 했어요. 크리슈나무르티는 아예 아는 것으로부터의 자유를 강조했고요. 결국 다 통하는 말이에요. 일단 모른다는 것을 알아야 무명에서 해방될 길이 보인다는 거예요.

그런데 공이라 하는 것은 무무명 역무무명진無無明 亦無無明盡, 즉 무명이 없고 또한 무명이 다함도 없어요. 무노사 역무노사진無老死 亦無老死盡, 늙고 죽음과 그것이 다함도 없고요. 어때요? 각각의 말들이 모순되는 것처럼 느껴지죠? 무명이 없는데 그게 다함도 없다, 즉 무명과 무명의 그침 모두가 없다는 겁니다. 그래서 경전을 읽거나 스승 말을 들을 때는 그게 현상계 얘기인지 존재계 얘기인지 잘 구분해야 해요. 에프엠에서 방송하는데 에이엠에 주파수 맞추면 들을 수가 없는 겁니다.

지금 이 대목에선 현상계와 존재계 양쪽 얘기를 다 하고 있어요. 어차피 공즉시색 색즉시공이니까요. 생각해보세요.

현상계에 죽음이 없다면 어떻겠습니까? 얼마나 이 세상이 복잡해지겠어요? 단군시대, 아니 그 이전부터 나타난 생명들이 다 살아 있다면 말이에요. 하지만 한편에선 이런 의문도 들죠. 죽음이 과연 끝일까. 그렇다면 무슨 의미인가. 그래서 현상계 너머에 있는 죽음 없는 차원을 발견하게 되는 겁니다.

　그다음이 무고집멸도無苦集滅道죠. 이 고집멸도가 바로 불교의 핵심 내용 가운데 하나인 4성제예요. 고苦, 즉 인생은 고통이라는 겁니다. 불교에서는 생로병사를 포함해 사랑하는 이와 이별해야 하는 괴로움, 원수를 만나는 데에서 오는 괴로움, 오온에 집착하는 괴로움 등 8가지 고통을 얘기해요. 그런데 이 고통을 발생시키는 근원이 집集이에요. 집은 쉽게 말하면 격렬한 욕망입니다. 감각적 쾌락에 대한 집착과 존재 및 존재 형성에 대한 갈애, 나아가 존재하지 않는 것에 대한 욕망 등으로 인해 고통이 생긴다는 거예요. 이것으로만 끝나면 희망이 안 보이겠죠. 그러나 붓다는 이런 괴로움에서 해방된 경지를 제시합니다. 그게 고통이 사라지는 멸滅, 즉 열반이에요. 4성제의 마지막인 도道는 멸을 실천할 길이 있다는 것이고요. 붓다가 제시한 8정도가 바로 그 실천방법이지요. 그런데 무고집멸도니까 뭡니까? 예, 공이라 함은 고집멸도가 없다는 거예요. 공의 세계에서는 그조차도 절대가 아니라는 거지요.

고통을 수용하고 책임질 때 크는 영혼

고집멸도에 관해 좀 더 얘기해보면 이렇습니다. 이번 반야심경 강의를 통해 계속 강조하는 게 뭡니까? 백팔번뇌를 경험하라는 거잖아요. 그래야 그걸 딛고 넘어설 수 있다는 겁니다. 넘고 넘어서 마하반야에 도달할 수 있다고요. 그래요. 누구나 인생에서 어려움을 겪습니다. 다만 어떤 이는 그걸 피하려고 하고 어떤 이는 기꺼이 수용한다는 거지요.

제가 자주 하는 말이 있어요. 대가를 치러라! 현재 짊어진 고통이 내 업이라면 달게 받으라는 겁니다. 그처럼 자신에게 닥치는 모든 일을 당당하게 책임질 때, 여러분의 영혼은 말할 수 없이 커져요. 반면 책임을 회피하고 도망가려 들면 클 수가 없습니다.

엄마들이 왜 위대하게요? 아기라는 생명에 책임을 지니까요. 사장님 영혼이 왜 큽니까? 회사와 거기서 일하는 직원

들의 생계를 책임지니까. 그래요. 그런데 많은 사람이 어때요? 생명은커녕, 남의 생계는커녕 자기의 감정과 판단, 행동에 대한 책임조차 지려하지 않잖아요? 그게 바로 인간의 가장 근원적인 죄악임을 에덴동산 설화가 보여주고 있습니다.

하나님이 묻습니다. 선악과를 누가 먹었지? 그냥 물으신 거예요. 벌을 내리겠다거나 죽이겠다거나 협박을 한 게 아니라고요. 그런데 거짓말을 하고 그게 들통 나니까 여자가 권해서, 뱀이 꼬셔서, 이렇게 핑계를 댑니다. 우리 중에도 꼭 그런 사람 있죠? 일처리를 잘못해서 물어보면 꼭 핑계 대고 변명하고, 심지어 순간의 위기를 모면하기 위해 거짓말하는 사람 있습니다. "제가 몰라서 그랬습니다. 잘못했습니다. 책임지겠습니다. 앞으로 실수 안 하도록 주의하겠습니다." 이러면 쉽잖아요. 그런데 지저분하고 어려운 길로 돌아가려고 한다 이겁니다.

또 어떤 사람은 화 누가 냈느냐고 물으면 그 새끼가 배신을 때려서 내 화를 돋우었다고 대답합니다.(웃음) 남편이 외도해서 화가 났다고 하는 사람도 있어요. 그러면 묻지요. 그 새끼가 배신 때렸지, 화내라고 했습니까? 남편이 외도했지, 화내라고 했어요? 이때 정신이 확 들죠. 화를 낸 건 나예요.

그 순간에 분출한 자기의 감정이라고요. 그런데 왜 그 책임을 남에게 돌립니까?

화내지 말라고 아무도 얘기 안 해요. 화라는 건 낼 수도, 안 낼 수도 있습니다. 다만 화날 일은 없다는 거지요. 다시 말하면 남이, 어떤 일이 나로 하여금 화를 내게 하는 건 아니라는 거예요. 여러분, 이걸 분명히 알아야 합니다. 그래야 화를 낼 때는 내고, 슬퍼할 때는 슬퍼하고, 대신 당당하게 그 대가를 치를 수 있다고요. 스스로 책임지는 사람으로 성장하는 겁니다. 그런 과정을 거쳐서 어른이 되고 어른으로 성장하는 사람만이 스스로 고통을 멸할 수 있어요.

모든 길엔 가는 방법과 단계가 있다

그런데 고통을 소멸시키는 데도 단계가 필요합니다. 그래요. 가슴에 응어리진 덩어리가 너무 크니까 일단 감정부터 풀고 가야 합니다. 그래서 힘든 일 꺼내놓고 화내야 해요. 처음엔 웃음에서 시작하면 좋아요. 무작정 크게 크게 웃는 거예요. 그런데 웃다보면 슬픔이 찾아오고, 그 슬픔이 끝날 때쯤 분노가 올라옵니다. 그렇게 해서 화를 내기 시작하지요. 마음껏 있는 대로 화를 내야 해요. 있는 힘껏 화를 내면 어찌될까요? 끝까지 화만 남을까요? 아녜요, 화를 내다보면 시원해지지요. 개운합니다.

그렇게 풀어놓고 나서 본격적으로 고통의 근원이 되는 무지를 깨뜨리는 작업에 들어갑니다. 자기가 화낸 일이 정말 "화가 날 일입니까?"라고 묻는 거지요. 수백 번 아니 수천 번 묻습니다. "화가 날 일입니까?" "화가 날 일입니까?" "화가 날 일입니까?" 그러다보면, 어느 순간부터 화날 일입니까, 라는 질문이 들리기 시작해요. 그러다 뇌의 전압차가 어마어마하게 커져서 활화산처럼 폭발할 때 알게 되지요. 아, 내가 무지했구나. 내 생각에 갇혀 고통을 지어냈구나. 스스로 만든 삼독에 빠져 있었구나……. 이것이 생각의 껍질을 깨고 나오는 순간 찾아오는 깨달음이에요. 사실을 사실 그대로 볼 때 알게 되는 지혜인 겁니다.

이게 제 방편이라면, 붓다 또한 고통을 멸하는 구체적인 지침, 즉 방법을 알려주었어요. 그게 8정도입니다. 8가지 바른 수행의 길이라는 의미죠. 첫째가 정견正見, 즉 편견 없이 있는 그대로, 바로 보는 것입니다. 제가 늘 강조하는 '잘 보고 합니아, 내가 무지했구나.
내 생각에 갇혀 고통을 지어냈구나.
스스로 만든 삼독에 빠져 있었구나…….
이것이 생각의 껍질을 깨고 나오는 순간 찾아오는
깨달음이에요. 사실을 사실 그대로 볼 때
알게 되는 지혜인 겁니다.

다'와 흡사하지요. 두 번째는 정사유正思惟, 바른 생각이죠. 세 번째와 네 번째는 정어正語와 정업正業으로, 각각 바른 말과 바른 행동을 의미합니다. 다섯 번째는 정명正命, 즉 바른 직업관을 갖고 일하는 청정한 생활이고요. 여섯 번째는 정정진正精進, 깨달음을 향한 부단한 노력을, 그리고 일곱 번째와 여덟 번째는 정념正念과 정정正定으로 바른 생각과 수행을 가리킵니다.

그런데 이렇게 바른 길을 가려면 무엇보다 교육이 중요해요. 핀란드에서는 15개월 미만의 아이에게는 텔레비전을 보여주지 않는 것이 법이랍니다. 그 시기에 텔레비전을 보면 뇌세포 분열이 덜 일어나고 특정한 호르몬만 분비가 되어서 앞으로 행복하게 살 수 없는 방향으로 뇌가 형성되기 때문이라는 게 그 이유입니다. 또 스웨덴 같은 나라에서는 초등학교 들어가기 전에 공동체 생활에 필요한 예의범절과 상대방에 대한 배려를 먼저 가르친다고 해요. 우리도 과거엔 뭐가 부끄러운 줄 아는 것을 가르치는 데 힘썼죠. 하지만 지금은 그런 전통이 다 사라져버렸습니다. 요즘은 아이 때는 오냐오냐 하며 무조건 예뻐하다가 아이가 자라서 청소년이 되면 패죠?(웃음) 아이가 어릴 때 회초리를 들어 기본을 가르치고 크면 존중해야 하는데 그게 거꾸로 된 거예요. 또 어릴 땐 무제한으로 텔레비전에 노출시켜놓고선 막상 자라면 보지 말라고 하는데 그땐 이미 늦은 거죠. 이래서야 아이들이 제대로 클 수가 없습니다. 우리나라만의 문제는 아니에요. 지구별 아이들이 전반적으로 주의력결핍에 과잉행동장애를 겪고 있습니다. 그러니 우리 어른들이 그 이유를 분명히 알아야 한다고요.

새로운 것을 향해 가라

자, 고집멸도에 대한 설명은 이쯤하고 다음 구절 가볼까요?

무지역무득 無智亦無得

이무소득고 以無所得故

해설하면 이렇습니다. 아는 것도 얻는 것도 없는 까닭에, 소득 또한 없다. 결국 공이라 함은 아무것도 얻을 게 없다는 겁니다. 지혜도, 진리도, 고정된 건 없다는 거예요. 다 관계할 뿐이라는 겁니다. 그런데 관계란 게 어때요? 일단 하나를 끝내야 다음 것과 관계가 시작돼요. 옛 관계에 붙들려 있거나 내가 그것을 잡고 있는 한 새로운 것과 관계 맺을 수 없다고요. 아니, 새로운 게 안 나타납니다. 정보도, 지식도, 사람도, 장소도 다 그래요.

김용옥 교수가 자기는 한 번도 동문회에 나간 적이 없다고 했어요. 그게 자랑스럽답니다. 제가 그 말에 박수쳤지요. 동창이 뭐예요? 같은 창문 드나들었다는 거예요. 동문은요? 같은 문으로 들락날락 했다는 거고요. 그게 뭐 그렇게 중요합니까? 그런 건 진리의 집단이 아니라 이익 집단이니 그런 데 집착하지 마세요.

천국은 침노하는 자의 것입니다. 즉, 앞으로 계속 정진하는 자만이 천국을 볼 수 있다는 거예요. 가고 가는 중에 안다는 말이 있죠? 이게 바로 성경에 쓰여 있는 "와서 보라!", 컴앤 씨come & see입니다. 옛날 스승들은 책상 앞에서 제자들 공부시키지 않았어요. 불교는 만행萬行이라는, 3년간 돌아다니며 밑바닥 생활을 체험하게 했죠. 그래야 올바른 도를 펼 수 있다고 본 겁니다. 하다못해 장사도 그래요. 아무리 작은 구멍가게라 해도 시장 조사를 철저히 해야 이익을 남길 수 있어요. 정치도 그렇죠? 국민이 무엇 때문에 고통스러워하는지 알아야 올바른 정책이 나오는 거 아니겠어요?

불교에 3년 만행이 있다면, 도교는 도사가 되기 위해 거쳐야 할 필수과목으로 표주漂周라는 것을 내세웁니다. 정처 없이 발길 닿는 대로 세상을 돌아다닌다는 뜻이에요. 이 표주의 과정을 적어도 3년은 해야 한다고 하는데, 그 정도는 돌아다녀야 어디에 어떤 선생과 도인이 사는지, 민심은 또 어떻게 돌아가는지를 알 수 있기 때문이라지요. 그러면 기독교에는 뭐가 있을까요? 예, 순례巡禮가 있습니다. 이렇게 모든 종교가 발로 하는 공부, 현장에서 경험해서 얻는 지혜를 중시해온 전통이 있어요. 발로 얻은 지혜가 참 지혜에 가깝다는 것을 보여주는 증거입니다.

함께 가는 깨달음의 길

보리살타菩提薩埵

공에 대해 한참 설명이 이어진 뒤에 나오는 구절이 바로 이 보리살타예요. 절에 가면 흔히 듣는 보살이란 말은 보리살타의 준말로, 그 뜻은 깨달음을 추구하는 자, 혹은 깨달음이 확정된 자라고 알려져 있습니다.

지금으로부터 2,600년 전에 붓다가 태어났지요. 29세에 출가하여 6년 수행하고 35세에 득도를 한 뒤 45년간 설법을 펼친 후 80세에 승천합니다. 성인들 보면 대부분 30대 중반에 깨달음을 얻어요. 일반인도 35세쯤 되면 고민이 많아집니다. 내가 누구고 어디서 왔고 어디로 가는지, 이런 근원적인 질문들을 갖게 되는 시기예요. 부정적으로 보면 혼란기를 겪는 거지만, 사실은 이 시기야말로 사람으로 거듭날 수 있는 절호의 찬스입니다. 인간으로 성숙하기 위해 거쳐야 할 필수적인 단계라고요. 이때 경험하지 못하면 나중에 정신적으로 큰 병을 앓게 돼요. 칼 구스타프 융Carl Gustav Jung도 그랬어요. 마흔이 넘어서 앓는 병은 영성의 부족에서 오는 것이라고요.

붓다의 설법과 가르침이 퍼지면서 그를 따르는 많은 제자들이 생겼겠지요. 그렇게 불교가 처음 형성되던 시기의 불교를 근본불교, 혹은 상좌부불교라고 합니다. 아소카 왕 이후 스리랑카를 비롯해 버마와 태국 등 주로 남쪽 지역에 전해진 불교가 이 초기불교의 가르침을 그대로 따른다고 해서 남방불교라고도 하고요. 그런데 붓다 사후 시간이 흐르면서 어땠

겠어요? 그래요. 여러 분파로 나뉩니다. 어느 종교나 그래요. 시공간의 변화가 생기면서 경전에 대한 해석도 다양하게 나오는 겁니다. 이처럼 논쟁이 활발하게 일어나던 시기의 불교를 부파불교라 해요. 우리가 대승불교라 하는 것은 부파불교에서 무성했던 논쟁들이 어느 정도 마무리되면서 일어난 것으로, 동아시아에 전승된 이후 선불교로 발전하고 한국 역시 그 전통을 계승하게 되지요.

왜 이 얘기를 꺼냈는가 하면 보리살타란 개념을 좀 더 명확하게 살펴보기 위해서예요. 중생이 깨달음을 얻는 경로를, 그 성질과 능력에 따라 세 가지로 나누는데 이를 성문, 연각, 보살이라고 합니다. 성문은 부처님의 말씀을 듣고 깨닫는 자라는 뜻이에요. 본래는 부처님의 제자를 일컬었는데 연각, 보살과 대조적으로 쓰일 때는 자신의 해탈만을 목적으로 하는 출가 수행자를 가리킵니다. 반면 연각은 부처님의 가르침에 의존하지 않고 스스로 수행하여 깨달았으되 설법과 교화를 하지 않는 자를 말하지요. 그럼 보살은 무엇인가 하면 스스로 깨닫는 데 만족하지 않고 중생의 깨달음을 구하는 수행자입니다.

개인의 구원만이 아니라 대중의 구제를 목적으로 하는

대승불교에서 보살이란 개념을 매우 중요하게 여기는 이유가 이 때문이에요. 그러니 대승의 관점에서 성문이나 연각과 같은 수행자가 좋게 보이겠어요? 아니죠. 혼자 깨닫는 것은 깨달음이 아니다, 남이 깨닫도록 도와야지. 이게 대승의 근본적인 시각입니다.

행함이 없으면 열반도 없으리

자, 그럼 다음 구절 보겠습니다.

의반야바라밀다고 依般若波羅蜜多故

심무가애 心無罣礙

무가애고 無罣礙故

무유공포 無有恐怖

원리전도몽상 遠離顚倒夢想

구경열반 究竟涅槃

해설하면, 보살은 마하반야바라밀다에 의존해서 마음에

걸림이 없고 모든 장애를 넘어 두려움이 없으며, 전도된 헛된 생각에서 벗어나 궁극적 열반에 이르렀다는 겁니다.

보살이 뭐에 의존했다고요? 마하반야바라밀다. 그런데 마하반야의 핵심이 뭡니까? 모든 것이 비어 있다는 겁니다. 하지만 그것만 가지고는 안 되죠. 바라밀다가 받쳐줘야 합니다. 마하반야가 이론편이라면 바라밀다는 실천편 같은 거예요. 마하반야로 넘어가게 하는 길, 그 방법을 알고 행해야 한다는 얘기죠. 붓다는 이를 육바라밀六坡羅密이라 해서 6가지로 정리했고요.

육바라밀이란 이 세상, 즉 사바세계에서 저 세상인 열반을 향해 있는 언덕을 넘어가게 하는 수단으로, 그 첫째가 보시布施입니다. 일체의 탐욕과 기대감 없이 주고 베풀라는 것이죠. 둘째는 지계持戒로서 계율을 지키라는 겁니다. 이를 통해 타인에게 피해를 주지 말고 후회하는 일을 만들지 말라는 거예요. 셋째는 몸과 마음과 입에서 일어나는 악한 행동을 참으라는 인욕忍辱입니다. 넷째는 정진精進 바라밀, 즉 일체의 부정과 불법에 관여함 없이 바른 일을 위해 노력하는 것이고요. 다섯째와 여섯째는 각각 선정禪定과 지혜智慧로서, 잡된 번뇌와 망상을 버리고 삼매三昧에 드는 것과 그를 통해 어둠을 밝게 하여 사물의 실상을 꿰뚫는 지혜를 갖는 것을 말합니다.

여러분, 바다가 있어야 파도가 치죠? 반대로 파도가 없다면 바다가 아닙니다. 둘은 떼려야 뗄 수 없는 관계라고요. 마하반야와 바라밀다는 그렇게 이해해야 합니다. 이 둘이 분리되기니 균형이 깨지면 깨달았을지언정 진정한 깨달음이라 볼 수 없습니다. 왜요? 깨달은 이는 행해야 해요. 그 행함으로 깨달음이 표현되는 겁니다. 바울도 행함 없는 믿음은 죽음이라고 했어요.

마하반야와 바라밀다의 아름다운 통합

이제 슬슬 결론에 도달하고 있습니다. 반야심경에 따르면 보살이 마하반야밀다에 의존해 모든 장애와 두려움을 넘어 전도된 몽상을 멀리 떠나보냈다고 돼 있죠. 전도란 거꾸로 되어 있다는 거예요. 정합된 인간은 하늘로부터 빛을 받고 땅에 그 기운을 전합니다. 신체도 그래요. 수승화강水昇火降, 즉 뜨거운 것은 아래로 내려가고 차가운 것은 위로 올라가야 건강해요. 머리는 차갑고 손발은 따뜻해야 하는 겁니다.

바다가 있어야 파도가 치죠?

반대로 파도가 없다면 바다가 아닙니다.

둘은 떼려야 뗄 수 없는 관계라고요.

마하반야와 바라밀다는 그렇게 이해해야 합니다.

이 둘이 분리되거나 균형이 깨지면 깨달았을지언정

진정한 깨달음이라 볼 수 없습니다.

왜요? 깨달은 이는 행해야 해요.

그 행함으로 깨달음이 표현되는 겁니다.

바울도 행함 없는 믿음은 죽음이라고 했어요.

그런데 현대인의 몸은 반대죠. 머리는 늘 열 받아서 뜨겁고 발은 차갑습니다. 그래서 생리적인 대사가 제대로 안 일어나요. 걸핏하면 체하죠. 또 짜증이 늡니다. 수승화강의 반대말이 염상누수炎上漏水예요. 촛불의 불꽃은 타오르고 촛농은 흘러내린다는 의미입니다. 인체로 보면 콩팥의 기능이 안 좋은 이들이 이런 증세를 보여요. 좋은 물을 머리로 보내줘야 하는데 그게 안 되니까 늘 편두통에 시달립니다.

몸도 그렇지만 가치가 전도된 게 가장 큰 문제죠? 사람들이 뭐가 가치 있는지를 잊고 살아요. 더불어 위해주고 살리는 살림의 문화를 살아야 하는데 요즘은 너 죽고 나 살자입니다.(웃음) 그렇게 싸워서 이긴 다음에 뭐하려고 그러는지 모르겠어요. 당장은 좀 섭섭해도 안 싸우는 게 결국은 둘 다 사는 길인데 말이에요. 당장 전쟁 나면 어떻게 되나요? 우리 아들딸들 다 죽습니다. 힘없는 사람들이 가장 먼저 죽어요. 그런데 전쟁하자고 나서니 그게 가치가 전도된 거죠.

또한 정치의 목적은 아프고 힘든 사람들, 돈과 권력에 치여 뒤로 처진 사람들, 못 배우고 못 벌어서 힘없는 사람들 살게 해주는 겁니다. 같은 부모에게서 나왔어도 처지는 자식이 꼭 한둘은 있잖아요. 그렇다고 아버지가 그들을 외면하고 버리면 그건 아버지가 아니죠. 국가도 마찬가지예요. 그들을 살리는 정치를 해야 그게 진정한 국가입니다. 경제는 그냥 놔둬도 잘난 사람들이 잘 먹고 잘 살게 되어 있잖아요? 그러니까 정치에서만이라도 처진 사람들을 보듬어야 한다고요. 그런데 정치인들의 가치가 전도되어서 있는 사람 편만 드는 겁니다.

자, 보살이 이 모든 가치 전도된 몽상들을 멀리하고 어디에 도달했다고요? 예, 열반입니다. 이 열반은 기독교식으로 하면 천국, 즉 하나님 나라예요. 폴 틸리히라는 신학자가 언급한 궁극적 관심이라는 말도 같은 의미입니다. 다만 그는 하나님이라는 단어가 사람들의 편협한 사고에 의해 이미 왜곡되고 오염돼 있다고 판단했기 때문에 다르게 표현한 것뿐이에요. 붓다도 신이라는 단어를 안 썼습니다. 그런데 기독교 신학교에서는 신 존재를 증명하려고 해요. 이거 참 웃기지 않습니까? 몇몇 교수가 신이 있다고 하면 있고, 없다고 하면 없는 겁니까? 그럼 그게 신이에요? 신의 존재를 사람이 증명한다면 사람이 더 큰 게 되는데 그게 말이 되느냐고요. 차라리 질문을 바꿔야 옳죠. 나는 누구인가. 어디서 왔는가. 무엇을 해야 하는가. 이렇게요. 그걸 탐구하다보면 신은 저절로 모습을 드러냅니다. 그런데 신만 붙들고 그거 증명하려다 자기는 놓친 거죠.

다음 구절 봅니다.

삼세제불三世諸佛

의반야바라밀다고依般若波羅蜜多故

득아뇩다라삼먁삼보리 得阿耨多羅三藐三菩提

삼세제불, 해석하면 과거와 현재와 미래의 모든 부처들도 반야바라밀다에 의존하여 아뇩다라삼먁삼보리를 얻는다는 겁니다. 아뇩다라삼먁삼보리란 바르고 평등하고 더없이 완벽하다는 뜻으로 부처님이 깨달은 진리를 의미하지요. 마하반야바라밀다에 의지할 때, 즉 마하반야, 육바라밀에 충실할 때 가장 아름답고 완벽한 경지에 이른다는 거예요. 다른 말로 하면 하나님 없이 사는 것은 허무하다고 해서 이곳에서의 되어가는 삶을 무시해도 그건 가짜라는 거지요. 이상 따로 현실 따로가 아니라 이상과 현실, 그 둘을 통합해야 한다, 이게 결론입니다.

오늘은 여기까지 합니다.

오직
건너갈 뿐

여기나없이있음과

이곳나되어감이 만나는 길

중도와 중용의 길

십자가와 부활의 길

그 위에 선 우리는 순례자

오직 걷고 또 걸을 뿐

걷고 걸어 넘어갈 뿐

수련이 깊어지면 우리는 순수의식을 경험합니다. 이때 순수의식은 물리적인 시간에 제한되지 않아요. 카이로스Kairos, 즉 태어남도 죽음도 없는 영원을 체험하는 겁니다. 성경에서는 그 세계를 '영생'이라 표현해요. 예수는 말했지요. 나의 말을 듣는 사람은 죽지 아니한다고, 내 말을 듣는 사람은 내 아버지의 말을 듣는 것이라고요.

모든 경전은 '나'의 말

여기서 중요한 게 '나'예요. 예수는 '예수' 말을 듣는 사람은,

이라고 하지 않았습니다. 그러니까 우리 누구 말 들어야 해요? 그래요. 나입니다. 그 나는 아브라함 이전부터 '있지'요. 있었던 게 아니라 있는 겁니다. 아브라함은 시간에 속하지만 나는 그걸 벗어난 존재니까요. 아인슈타인이 친구가 죽었을 때 이런 조사를 남겼답니다. "우리 과학자들은 과거와 미래가 없다는 것을 사실로 알고 있으나, 과학자가 아닌 내 친구는 과거와 미래가 있다고 집요하게 생각하는 세상에 왔다가 갔다." 친구는 제한된 시간 속에서 살다 갔지만 원래 존재는 그렇지 않다는 거지요. 존재는 시간을 넘어서 있다는 겁니다.

사람들에게 예수가 언제 어디서 죽었느냐고 물으면 2,000년 전 겟세마네Gethsemane 동산에서라고 대답합니다. 그런데 이건 크로노스Chronos의 관점에서 본 거예요. 크로노스는 그리스신화에 등장하는 신의 이름입니다. 힘이 어찌나 센지 자기 앞에 있는 걸 다 삼켜버려요. 시간이 그렇지요. 시간 앞에 장사가 없다고 그러잖아요. 물질을 입고 태어난 생명체는 무엇이든 시간 앞에서 늙고 병들어 죽는 겁니다.

하지만 우리의 정신, 의식은 시간을 넘어서 있지요. 카이로스입니다. 그런 의식을 갖고 사는 사람에게 예수는 늘 지금 여기서 죽고, 동시에 지금 여기에 존재해요. 그러니 2,000년 전에 겟세마네 동산에서 예수가 죽은 사건을 믿어야 구원받는다는 의식이 얼마나 저차원인지 아시겠지요?

구원은 오직 지금 여기서 예수와 함께 죽고, 예수와 함께 지금 여기를 사는 이에게만 찾아옵니다. 그런 사람이 영원을 경험하고 영생을 산다고요. 그러니까 결론은 뭐예요? 지금 이 순간을 살라는 겁니다. 지금이 은혜받을 때고 구원의 때라는 건 바로 그런 의미예요.

자, 오늘이 반야심경 강의 마지막 날입니다. 지난 시간에 이어 남은 구절들을 보기로 하지요.

고지반야바라밀다故知般若波羅蜜多

시대신주是大神呪

시대명주是大明呪

시무상주是無上呪

시무등등주是無等等呪

능제일체고能除一切苦

진실불허眞實不虛

고설반야바라밀다주故說般若波羅蜜多呪

즉설주왈卽說呪曰

아제아제 바라아제揭帝揭帝 般羅揭帝

바라승아제 모지사바하般羅僧揭帝 菩提僧莎訶

고지반야바라밀다. 해석하면 반야바라밀다가 이와 같음을 알라는 겁니다. 시대신주, 시대명주, 시무상주, 시무등등주. 가장 신비하고 가장 밝으며 가장 높아서 아무것도 이에 견줄 수 없는 주문이라는 거지요. 그래서 그걸 알면 능제일체고 진실불허, 온갖 괴로움이 사라지고 진실하며 허망하지 않습니다. 즉설주왈, 그러므로 반야바라밀다의 주문을 말하노니 그것이 바로 아제아제 바라아제 바라승아제 모지 사바하라는 거예요.

노예에서 자유인으로

그런데 말입니다. 붓다가 정말로 이 주문만 외우면 다 된다고 말씀하셨을까요? 과연 그게 핵심일까요? 예수가 제일 싫어한게 모르는 것을 달달 외워서 마치 아는 것처럼 행세하는 거였어요.(웃음) 외우는 건 사실 의식이 낮은 사람들의 수련법입니다. 제자의 의식 수준이 조금만 높아도 스승은 주문을 안 줘요.

이와 관련한 원효대사의 일화가 있습니다. 어느 날 원효 대사가 여행을 하던 중에 울고 있는 한 여자를 만납니다. 왜 울고 있느냐고 물었겠죠. 알고 보니 그 여자의 아들이 얼마 전에 죽었는데, 생전에 아들이 불교 신자가 아니었던 게 어머니 마음에 걸린 겁니다. 지옥으로 떨어지면 어쩌나 싶어 걱정이 된 거죠. 그래서 어느 스님을 찾아가 상의를 했더니, '나무아미타불관세음보살'이란 주문만 외워서 열심히 읊으면 아들이 극락 간다고 한 거예요. 그날로 여자는 주문을 입에 달고 살았죠. 그런데 시간이 흐르면서 여자가 그만 '나무' 다음 구절을 잊어버린 겁니다. 그 때문에 아들이 다시 지옥으로 떨어질 게 염려되어 울고 있었던 기고요. 이 사연을 다 듣고 난 원효가 뭐라고 말했을까요? 대답은 이렇습니다. "여보게, 부처님은 자네가 '나무'만 해도 그 다음을 다 알아들으신다네. 그러니 너무 걱정 말게나."(웃음) 어때요? 멋지지 않습니까?

제가 말하려는 것은 타력신앙이냐, 자력신앙이냐 그겁니다. 기독교는 타력신앙의 경향이 강하지요. 예수가 우리 위해 십자가에 못 박혔다, 그러니 너희는 예수만 믿으면 된다 이거잖아요. 오직 예수에 의지하는 겁니다. 불교도 타력신앙의 요소가 있지만 그래도 기독교보다는 덜해요. 스스로 깨달아야 한다는 것을 강조하니까요. "그리스도완전충만일체은혜감사"든 "나무아미타불관세음보살, 아제아제바라아제바라승아제"든 이런 주문들 다 좋아요. 하지만 이것만 외우면 다 된다는 건 자력이 상실된 타력신앙의 소산입니다. 마음이 정화되는 면은 있겠죠. 하지만 이걸 외운다고 의식이 바뀌거나 깨닫는 건 아니라는 겁니다.

티베트 보면 어때요? 그쪽 불교는 주문을 외우는 의식이 만연해 있지요. 그러다보니 종교가 인격 함양이나 문화 발전에 이바지를 못해요. 아무것도 모르는 순박한 사람들 오체투지시켜서 그 먼 길을 순례하게 하잖아요. 라마 같은 종교 지도자들은 그거 안 합니다. 자기들은 안 하면서 무지한 중생들만 고생시키는 거라고요. 공부는 우리가 할 테니 너희는 그거나 해라, 그러면 극락 간다는 논리죠. 하지만 과연 그게 부처님이 원하는 걸까요? 붓다나 예수나 '나'를 찾으라고 합니다. 우리 떠받드는 것은 그만하고 제발 자신을 좀 알라고 당부하지요. 그들이 해온 것도 바로 나를 찾는 것이었으니까요.

여러분, 타력신앙으로는 성장이 안 돼요. 그래서 고등종

여러분, 타력신앙으로는 성장이 안 돼요.
그래서 고등종교의 핵심은 어떻게든
노예근성에서 벗어나게 하는 것이죠.
노예가 아닌 자유인 만드는 거라고요.

교의 핵심은 어떻게든 노예근성에서 벗어나게 하는 것이죠. 노예가 아닌 자유인 만드는 거라고요. 그럼 자유인이 뭔가요? 자기를 책임지는 겁니다. 남 핑계 대지 말고 변명하지 말고 자력으로 자기 인생 살아가는 거라고요. 자유인이 되면 기도 자체가 달라집니다. 예수에게 죄사해달라고 매달리지 않아요. 소원 들어달라고 애걸하지도 않지요. 오히려 당당하게 말합니다. 내 죄의 대가는 내가 치르겠습니다. 내 십자가 내가 지고 가겠습니다. 주님이 원하는 것, 내 생에서 실현하며 살겠습니다. 이렇게요.

내 생각엔 반야심경도 주문만 열심히 외우면 된다는 차원으로 이해하면 안 될 것 같아요. 더 중요한 건 그 안에 담겨 있는 뜻을 내가 얼마나 잘 이해하고 삶을 통해 실천하는가, 그거 아니겠어요?

자, 그럼 주문 보겠습니다. 정말 유명한 구절이죠. 아제아제 바라아제 바라승아제 모지 사바하. 아제아제란 가자, 가고 또 가자, 계속 넘어가자는 겁니다. 그리하여 바라승아제, 즉 완전히 넘어가자는 거예요. 이렇게 가고 가는 중에 인생도 알고 지혜도 얻게 된다는 의미지요. 그래요. 색에도 집착하지 않고 공에도 집착하지 않고, 비어 있음으로 충만한 그것을 놓아제아제 바라아제 바라승아제 모지 사바하.
아제아제란 가자, 가고 또 가자,
계속 넘어가자는 겁니다.
그리하여 바라승아제, 즉 완전히 넘어가자는 거예요.
이렇게 가고 가는 중에 인생도 알고
지혜도 얻게 된다는 의미지요.

지 않으면서 만나는 것들과 관계하며 계속 나아가면 그때 열리는 세계가 있습니다. 그게 어떤 세계예요? 모지 사바하. 깨달음의 세계입니다. 아무 걸림이 없는 자유와 해방의 세계예요. 어때요, 이런 세계 다들 가보고 싶죠?

이로써 반야심경 강의가 끝났습니다. 그냥 헤어지기 아쉬우니까 핵심만 간단하게 정리해볼까요?(웃음)

4번가 사람으로 사는 방법

마하반야란 궁극적 지혜, 궁극적 관심이에요. 공, 여기나없이있음, 존재, 하나님, 신, 다 같은 말입니다. 바라밀다는 반야를 성취하도록 이끄는 방편이고요.

'여기나없이있음'이라는 말은 존재, 신, 마하의 세계를 제 방식으로 표현한 말입니다. '이곳나되어감'의 세계는, 현실로 나타난 나의 세계, 바로 현상계의 세계란 뜻이지요. 바로 시공간에 구속된 현실의 세계지요.

결론은 이 둘을 얼마나 잘 알고 조화시키느냐, 균형을 잡느냐가 삶을 통해 이루어야 할 핵심이라는 겁니다. 이것이 바로 중용이고 중도며 십자가의 도라 했어요. 하나님을 알고 나를 알며 현재 위치를 파악하여 목표를 향해 나아가는 4번가의 삶이지요.

35세가 되도록 이 길을 발견하지 못하면 병이 깊어집니다. 이때부터 앓는 병은 단지 몸이 고장 나서가 아니에요. 영성 부족 때문에, 즉 두 영역이 통합이 안 돼서 혼란이 생기고 아픈 거라고요. 다행히 제게 좋은 처방전이 준비돼 있습니다.(웃음)

1단계에서는 가슴에 굳은살로 박인 단단한 감정의 응어리들을 풀어내고 고통의 근원을 봅니다. 생각의 세계에서 사실의 세계로 깨어나지요. 사실에 근거해 의식지수를 높여 행복하고 풍요롭게 살 수 있는 비법들을 알려줘요.

2단계는 수련에서는 더 근원적인 나를 발견하는 여행을 합니다. 존재에 대해 깊이 성찰하고 이해하는 시간을 갖는 거예요. 영으로서의 나, 여기나없이있는 나를 보는 거지요. 그 나는 어때요? 태어남도 죽음도 없어요. 키, 몸무게, 이름, 나이, 성별, 다 없습니다. 없어서 영이에요. 공이라고요. 말하자면 반야를 경험하는 겁니다. 그때 이런 깨달음이 와요. 내가 신이고 우주구나. 모든 게 나로부터 시작돼 나에게로 돌아오는구나. 만물이 하나로 연결돼 있구나. 이처럼 존재를 경험하고 나면, 이곳 현상계에서는 모든 게 다만 때가 되어 나타났다 사라질 뿐임을 알게 됩니다. 반야심경 구절대로 하면 공즉시색 색즉시공이 무엇인지 이해하는 거지요.

3단계까지 하면 여기나없이있음의 세계와 이곳나되어감의 세계를 통합하여 확고하게 자기 것으로 만들 수 있다고요. 그리고 1, 2차 수련을 통해 다진 바탕 위에서 이곳 현상계의 삶을 본격적으로 다룹니다. 어떻게 4번가 사람으로 살아갈 수 있는지 그 방법들을 일러주지요. 여기나없이있음과 이곳나되어감의 통합 원리와 기술을 이 수련을 통해 체득하는 것입니다.

그런데 3차 수련까지 끝냈다고 해서 다 이루었다 하고 넋을 놓으면 안 돼요. 붓다가 반야를 얻는 방편으로 육바라밀을 강조했듯이 모든 수행은 지속적인 실천이 뒷받침되어야합니다. 이론과 경험은 상호교류와 소통이 없이는 명료해지지 않아요. 성장이 일어나지 않는 거죠. 그래서 신발 돌려놓기, 사람 되기 걸음, 잘 보고 합니다, 잘 듣고 합니다, 서로 소리 내어 알리며 해나갑니다, 대가를 바라지 않고 친절 베풀기, 웃기, 호흡 관찰하기 등의 훈련은 아무리 기초적인 것이

어도 매일 일상적으로 해야 해요. 그런 것들을 '지금 해야' 존재가 기뻐합니다. 지금 하는 속에서 내가 존재를 느낄 수 있다고요.

100일 수련하러 들어온 사람들 보면 이런 일상적인 훈련이 이떤 변화를 가져오는지가 분명하게 드러납니다. 처음엔 20대나 40대나 목소리 작고 불러도 대답이 없고 발음도 명료하지 않고 걸음은 비실비실한 데다 느려 터지고 그래요.(웃음) 그런데 30일만 지나면 바뀌기 시작합니다. 목소리 커지고 자기 의견 분명하게 얘기하고, 무엇보다 "예!"를 잘하지요. 또 눈빛과 걸음이 달라집니다. 당당하고 힘이 생기는 거예요. 그러다 70일쯤 지나면 뭐든 알아서 하는 수준이 되지요. 그렇게 100일을 마치고 사회에 나가면 그 전과는 다른 삶을 살게 되는 겁니다. 다들 대학 가서 학점도 4.5점 만점에 4.4점 따고 그럽니다. 꿈을 이루겠다고 교환학생 신청해서 유학도 가요. 또 맨 실업자로 지내던 사람이 취직해서 첫 월급 탔다고 선물 사 들고 와요. 그렇습니다. 보고 듣고 말하고 걷는 습관만 바꿔도, 자기 앞에 펼쳐진 일에 '예'하면서 일단 해보는 태도 하나만 배워도, 삶은 이렇게 몇 배로 돌려줘요.

자기를 녹여 바다를 경험한 소금인형처럼

하면 된다는 걸 제자들에게 알려주는 게 스승들의 임무입니다. 그래서 이것저것 막 시키는 거예요. 특히 수련 초반엔 더 그렇죠. 근기를 길러야 하니까요. 그걸 모르고 조금 하다 안 된다고 포기하는 사람, 대충 해보다가 지겹다고 다른 데 눈 돌리는 사람, 자존심 상한다고 불평불만 하는 사람은 뭘 해도 안 됩니다. 온 힘을 다해, 마음을 다해, 성품을 다해 그런 걸 넘어설 때만 만날 수 있는 세계가 있어요. 아제아제 바라 아제, 즉 넘고 넘어가서 완전히 넘어가야 보는 세계가 있다고요. 그러니 계속 가야 하지 않겠습니까?

소금인형 얘기가 있지요. 소금이 처음 태어난 곳이 바다예요. 고향인데 얼마나 그립겠습니까? 그래서 하루는 바다를 찾아 길을 나섭니다. 동네 시내를 건너 큰 강을 지나지요. 높은 산도 넘습니다. 그렇게 몇 날 며칠 걸려 마침내 바다 앞에 이르자, 소금이 이렇게 묻지요. "당신이 바다입니까? 나는 바다를 만나러 왔습니다." 그러자 바다가 대답합니다. "정말이니? 그렇다면 얘야, 방법은 하나란다. 이리로 들어오렴." 소금이 조심스레 발을 내딛습니다. 그랬더니 녹아요. 자기가 없어지는 겁니다. 소금은 그만 두려움에 휩싸이죠. 그때 바다가 다시 말합니다. "괜찮다. 더 들어오렴. 이렇게 겉에서만 만나고 헤어질 수는 없지 않니? 바다를 더 알고 싶다면, 진실로 만나고 싶다면 더 들어와야 한단다." 소금은 용기를 내어 더 깊이 들어갑니다. 발이 다 녹고 허리가, 가슴이, 그리고 얼굴이 다 녹을 때까지 계속해서 걸어가지요. 그리하여 다 녹고 났을 때 소금은 비로소 알게 됩니다. '아, 이게 바다구나!'

자기를 다 녹여 바다와 하나가 된 소금인형처럼, 마하반야를 향해 가는 고갯길을 넘고 넘고 또 넘어서 더 깊이 들어가세요. 그 과정에서 만나는 온갖 시련과 번뇌를 피하지 마십시오. 우리가 이곳에 왜 왔다고요? 그래요. 경험하러 온 겁니다. 백팔번뇌 경험하러 왔으니 세상 온갖 고통 경험하고 죄도 많이 지으시라고요.(웃음) 그럴수록 은혜가 커집니다. 더 깊고 큰 깨달음이 찾아온다고요. 더군다나 시련은 하나님의 가장 큰 은총이라 하지 않습니까. 그건 내가 하나님으로부터 너무 멀리 떠나갔음을 알려주는 신호 같은 거예요. 이제 그만 돌아오라는 손짓이라고요. 그러니 그저 '예' 하고 돌아오면 됩니다. 이 돌아옴은 결국 자기에게 돌아오는 것이죠. 생각과 믿음의 차원이 아닌 본래의 나, 에고가 아닌 셀프, 육체가 아닌

온 힘을 다해, 마음을 다해, 성품을 다해
그런 걸 넘어설 때만 만날 수 있는 세계가 있어요.
아제아제 바라아제, 즉 넘고 넘어가서
완전히 넘어가야 보는 세계가 있다고요.
그러니 계속 가야 하지 않겠습니까?

영으로서의 나 말입니다.

향연은 계속된다

이처럼 멀어졌다 다시 돌아와 계속해서 나아가는 길. 그 길 위에서 같은 것을 보고 같은 말을 듣고 공동의 경험을 행하는 도반이 있다는 것이 얼마나 큰 행복이고 기쁨인지요. 아제 아제 바라아제 바라승아제. 가고 가고 또 가는 중에 알게 됩니다. 유월절Passover도 결국 넘어간다는 의미예요. 젖과 꿀이 흐르는 가나안 땅, 즉 정토는 그리로 향해 한 걸음 한 걸음 나아갈 때만 만날 수 있다는 것이지요.

건너기고 건너가서 마침내 궁극에 다다를 때까지, 우리는 늘 함께합니다. 그러니 고마울 수밖에요. 사랑할 수밖에요. 이처럼 큰 감사와 사랑 속에서, 우리들 삶의 향연은 계속됩니다. 지구별 소풍 끝내고 돌아가는 날까지……

깨달음으로읽는 반야심경

1판1쇄 인쇄 : 2013년 6월 10일
1판2쇄 발행 : 2014년 7월 10일

지은이 : 장길섭
펴낸곳 : 도서출판 나마스테
펴낸이 : 전형배
총괄경영: 구본수
(CEO)

출판등록 : 제9-281호(1993년11월17일)

주소 : 서울시 마포구 토정로 222(신수동 448-6)
        한국출판 협동조합 A동208-2호

전화 : 02-333-5678,322-3333
팩스 : 02-707-0903
E-mail : chpco@chol.com

ISBN 978-89-7919-571-2 03150

*값은 뒤표지에 있습니다.
*잘못된 책은 구입하신 곳에서 바꿔드립니다.
*나마스테는 창해출판사의 자회사입니다.